图像儒释道系列

〔明〕洪应明 撰

仙佛奇踪

中华书局

图书在版编目(CIP)数据

仙佛奇踪/(明)洪应明撰. —北京:中华书局,2016.10(2025.7重印)
ISBN 978-7-101-12045-5

Ⅰ.仙… Ⅱ.洪… Ⅲ.①佛教-神-列传②道教-神-列传 Ⅳ.①B949.9②B959.9

中国版本图书馆 CIP 数据核字(2016)第 195184 号

书　　名　仙佛奇踪
撰　　者　〔明〕洪应明
责任编辑　邹　旭
封面设计　周　玉
责任印制　韩馨雨
出版发行　中华书局
　　　　　(北京市丰台区太平桥西里 38 号　100073)
　　　　　http://www.zhbc.com.cn
　　　　　E-mail:zhbc@zhbc.com.cn
印　　刷　北京新华印刷有限公司
版　　次　2016 年 10 月第 1 版
　　　　　2025 年 7 月第 6 次印刷
规　　格　开本/920×1250 毫米　1/32
　　　　　印张 9⅞　插页 2　字数 231 千字
印　　数　10401-11200 册
国际书号　ISBN 978-7-101-12045-5
定　　价　48.00 元

出版说明

《仙佛奇踪》为明人洪应明撰，成书于万历三十年（1602）。洪应明，字自诚，号还初道人，生平事迹不详，约生活于明万历年间，慕佛道二宗。另著有《菜根谭》等。

本书共八卷。其中三卷记道家列仙，三卷记佛家诸祖，均有版刻画像及人物故事。附《长生诠》一卷，辑录道典中长生之术；《无生诀》一卷，辑录佛典中列祖语录。并有袁黄、冯梦祯所作《仙引》、《佛引》。版画精美，故事生动，富有趣味，亦可作为了解佛道两教文化之门径。

《四库全书》小说家存目二著录内府藏本四卷，今不传。现存有万历三十年（1602）序刊本，仙、佛部分分题《消摇墟》、《寂光境》，有复旦大学图书馆藏本及日本京都大学藏本等。另有明代重刻《月旦堂仙佛奇踪合刻》，于诸本中流传最广，翻刻颇富，为徽派版画的代表作品之一。所收篇目次序与序刊本微异，且刊落《王子乔》、《张三丰》、《慧可大师》等诸篇。

本书以 1931 年武进陶氏翻刻月旦堂本为底本，图文相配，据序刊本对校文字并补录未收篇目，校记以小字随文括注，补录篇目收于书后“补遗”一卷中。改为简体横排，并加以简单标点，以便阅读。

中华书局编辑部
二〇一六年七月

目录

卷一

卷二

卷三

卷四

卷五

卷六

卷七

卷八

补遗

四库总目提要

小说家存目二

《仙佛奇踪》四卷内府藏本，明洪应明撰。应明字自诚，号还初道人，其里贯未详。是编成于万历壬寅，前二卷记仙事，后二卷记佛事。首载老子至张三丰六十三人，名曰《消摇墟》，末附《长生诠》一卷。次载西竺佛祖自释迦牟尼至般若多罗十九人，中华佛祖自菩提达摩至船子和尚四十二人，名曰《寂光境》，末附《无生诀》一卷。仙佛皆有绘像【注】。考释道自古分门，其著录之书亦各分部，此编兼采二氏，不可偏属，以其多荒怪之谈，姑附之小说家焉。

此本为月旦堂刻，共八卷。前三卷自老子至魏伯阳四十六人，后三卷自释迦牟尼至鹤勒那十七人，自菩提达摩至法明和尚三十七人，与四库著录本稍异，余则皆同也。

【注】《四库全书总目提要》“仙佛皆有绘像”下有“殆如儿戏”，此本删。

仙引

夫人生堕落世网，彼蝇争蚁逐辈无论已，即古称长心逸节，亦往往锻羽羁足，若辕驹槛鸟然。夫谁能蝉蜕凤举，而消摇物外也者？缅惟羽客仙翁，吸云英，餐石髓，驾紫凤以翩跹，驭青牛而游遨。一条藜杖，泛云水之三千；半片衲衣，访洞天之十二。蒙庄氏所称消摇游者，意在斯乎？

予性寡谐，谢绝一切世氛，独紫芝白石，有夙癖焉。洪生自诚氏，新都弟子也。一日携仙纪一编，征言于予。予披阅之，青霞紫气，映发左右，宛若游海上而揖群真，令人飘然欲仙，真欲界丹丘、尘世蓬岛也。虽仙有灵根，道有夙契，得皮忘髓，终非升举向上事。顾尘劳累劫中，定喘拭眯，然名香、啜苦茗，时一露盥玩之，不犹吞火而饮之以冰哉？他日倘逸樊笼而步碧虚，请执是以作玉杵，或不谓无因云。

了凡道人袁黄题

佛引

慨自识浪障空，迷云锁月，茫茫苦海，渺无津崖。世尊罗汉诸菩萨放大光明，普照河沙世界，用是兴慈发愿，首建止观二法，为群生祛迷剔障，令各自瞩本来。古称慈航宝筏，语不虚已。

洪生自诚氏，幼慕纷华，晚栖禅寂。缘是溯诸佛菩萨而为之传其神，纪其事，因以《寂光境》标焉，盖从止得寂，缘照生光。祖竺乾氏宗风，为世人开一方便法门，于三乘教中，亦庶几哉真实行慈者。

乃谭者又谓：于所有中妄立名相，是谓平地生波，从何得入净乐国土？是不然。机有浅深，教有顿渐。大善知识悟般若真空，不落声闻，不堕色相，洵无藉此赘疣。彼初机小乘，睹善相而皈依，听法轮而悟入，不假以舟楫，谁为出迷途而登觉岸哉！虽然，有不障无，色不异空，言一无言也，相一非相也。具摩醯眼者，愿无生事理障。

真实居士冯梦祯题

卷一

老君

老君

老子者，太上老君也。累世化身，而未有诞生之迹。迨商阳甲时，分神化气，始寄胎玄妙玉女八十一年。暨武丁庚辰二月十五日卯时，降诞于楚之苦县濑乡曲仁里，从母左腋而生于李树下，指树曰："此吾姓也。"生时白首面黄，长耳矩目，鼻纯骨双柱，耳有三漏门，美须广额，疏齿方口，足蹈三五，手把十文。姓李，名耳，字伯阳，号曰老子，又号曰老聃。

周文王为西伯，召为守藏史。武王时，迁为柱下史。乃游，西极大秦、竺乾等国，号古先生，化导其国。康王时，还归于周，复为柱下史。昭王二十三年，驾青牛车过函谷关。度关，令尹喜知之，求得其道。二十五年，降于蜀青羊肆，会尹喜同度流沙胡域。至穆王时，复还中夏。敬王十七年，孔子问道于老聃，退而有犹龙之叹。赧王九年，复出散关，飞升昆仑。

秦时，降泆河之滨，号河上公，授道安期生。汉文帝时，号广成子。文帝遣使诏问之，公曰："道尊德贵，非可遥问。"帝即命驾诣之。帝曰："域中有四大，王居一也。子虽有道，犹朕民也，不能屈，何乃高乎？朕足使贫贱富贵。"公乃拊掌坐跃，冉冉在虚空中，如云之升，去地百余丈，而止于玄虚。良久俯答曰："今上不至天，中不类人，下不居地，何民之有？陛下焉能令富贵贫贱乎？"帝悟，方下辇礼谢。授帝《道》、《德》二经。

盖无世不出，先尘劫而行化，后无极而常存。隐显莫测，变化无穷，普度天人，莫可具述云。

東王公

东王公

东王公讳倪，字君明。天下未有民物时，钟化而生（按："生"原作"王"，据序刊本改）于碧海之上、苍灵之墟。道性凝寂，湛体无为，诞迪玄功，育化万物，主阳和之气，理于东方，亦号东王公。凡上天下地男子登仙得道者，悉所主焉。尝以丁卯日登台，观望转劫升天之仙，凡九品。然始升之时，先拜太公，后谒金母，受事东华，方得升九天，入三清，礼太上而观元始。汉初，有群儿戏谣于道，曰："着青裙，上天门。揖金母，拜木公。"时人莫之知，唯子房往拜焉，乃语人曰："此东王公玉童。"

西王母

西王母

西王母，即龟台金母也。得西华至妙之气，化生于伊川。姓缑，讳回，字婉妗。配位西方，与东王公共理二气，调成天地，陶钧万品。凡上天下地女子之登仙者，咸所隶焉。居昆仑之圃，阆风之苑，玉楼玄台九层，左带瑶池，右环翠水。女五：华林、媚兰、青娥、瑶姬、玉卮。

周穆王八骏西巡，乃执白圭玄璧，谒见王母，复觞母于瑶池之上。母为王谣曰："白云在天，山林自出。道里悠远，山川之间。将（按："将"原作"降"，据序刊本改）子无死，尚能复来。"后汉元封元年，降武帝殿，进蟠桃七枚于帝。帝欲留核，母曰："此桃非世间所有，三千年一实耳。"偶东方朔于牖间窥之，母指曰："此儿已三偷吾桃矣。"是日，命侍女董双成吹云和之笛，王子登弹八琅之璈，许飞琼鼓灵虚之簧，安法兴歌玄灵之曲，为武帝寿焉。

赤松子

赤松子

赤松子，神农时雨师。炼神服气，能入水不濡，入火不焚。至昆仑山，常止西王母石室中，随风雨上下。炎帝少女追之，亦得仙，俱去。高辛时为雨师，间游人间。

廣成子

广成子

广成子，轩辕时人。隐居崆峒山石室中。黄帝造焉，问以至道之要。答曰：“至道之精，窈窈冥冥。至道之极，昏昏默默。无视无听，抱神以静。形将自正，必静必清。毋劳尔形，毋摇尔精，毋俾尔思虑营营，乃可长生。慎内闭外，多智多败。我守其一而处其和，故千二百年未尝衰老。”

青烏公

青乌公

青乌公，彭祖弟子也。受明师指示，审真仙妙理，乃入华阴山中学道，积四百七十一岁，后服金液而升天。

彭祖

彭祖

彭祖钱铿，帝颛顼玄孙。至殷末世，年已七百余岁而不衰。好恬静，善于补导之术，并服水晶、云母、麋角，常有少容。穆王闻之，以为大夫，称疾不与政事。采女乘辎軿往问道于彭祖，具受诸要，因以教王。王试为之，有验。彭祖知之，乃去，不知所往。其后七十余年，门人于流沙西见之。

鐵拐先生

铁拐先生

铁拐先生姓李，质本魁梧。早岁闻道，修真岩穴，时李老君与宛丘先生尝降山斋，诲以道教。一日，先生将赴老君之约于华山，嘱其徒曰："吾魄在此，倘游魂七日而不返，若甫可化吾魄也。"徒以母疾迅归，六日化之。先生至七日果归，失魄无依，乃附一饿莩之尸而起，故形跛恶，非其质矣。

黄野人

黄野人

黄野人，葛洪弟子。洪栖山炼丹，野人常随之。洪既仙去，留丹于罗浮山柱石之间，野人得一粒服之，为地行仙。后有人游罗浮，宿石岩间。中夜见一人，无衣而绀毛覆体，意必仙也，乃再拜问道。其人了不顾，但长笑数声，声振林木。复歌曰："云来万岭动，云去天一色。长笑两三声，空山秋月白。"其人归，道其形容，即野人也。

尹喜

尹喜

尹喜字公文，天水人。初，母氏尝昼寝，梦天下绛霄，流绕其身。及喜生时，陆地自生莲花。及长，眼有日精，姿形长雅，垂臂下膝，堂堂有天人之貌。少好学坟索，隐德行仁，不修俗礼，损身济物，不求闻达。

周康王时为大夫，仰观乾象，见东方有紫气西迈，知有圣人当度关而西，乃求为函谷关令。预敕关吏孙景曰："若有形容殊俗，车服异常者，勿听过。"时昭王二十三年七月，老君果乘白舆、驾青牛，欲度关。关吏入白喜，喜曰："今我得见圣人矣。"即具朝服出迎，跪伏，邀之曰："愿暂留神驾。"老君谢曰："吾贫贱老叟，居在关东，田在关西。今暂往取薪，何故见留？"喜复稽首曰："久知大圣当来西游。暴露有日，愿少憩神驾。"老君曰："闻（按："闻"原作"门"，据序刊本改）开道竺乾，有古先生，是以身就道，经历子关，何过留耶？"喜曰："观大圣神姿超绝，乃天上至尊，边夷何足往观？"老君曰："子何所见而知？"喜曰："去冬十月，天理星西行过昴。自今月朔，融风三至东方，真气状如龙蛇而西变。此大圣人之征。"老君乃怡然笑曰："善哉，子之知吾。吾亦已知子矣。"喜再拜曰："敢问大圣姓字？"老君曰："吾姓字渺渺，从劫至劫，非可尽说。吾今姓李，字伯阳，号曰老聃。"喜于是就官舍设座供养，行弟子礼。老君乃为喜留关下百余日，尽传以内外修炼之法。

时老君之御者徐甲少赁于老君，约日顾百钱，至关时当七百三十万钱。甲见老君去官远适，亟来索钱。老君谓曰："吾往西海诸国还，当以黄金什直偿尔。"甲如约。及至关，饭青牛于野，老君欲试之，乃以吉祥草化为一美女，行至牧牛之所，能以言戏甲。甲惑之，欲留，遂负前约，乃诣关令讼老君索佣钱。老君谓甲曰："汝随我二百余年，汝久应死，吾以太玄生符与汝，所以得至今日。汝何不念此，而乃讼吾？"言讫，符自口中飞出，甲自成一白骨。喜乃为甲叩头，请赦其罪，以赐更生。老君复以太玄生符投之，甲即立生。喜乃以钱偿甲，而礼遣之。

既而老君谓喜曰："古先生者，即吾之身。尝化乎西极，今将返神，还乎无名，吾今逝矣。"喜叩首请随去。老君曰："吾游乎天地之表，嬉乎玄冥之间，周游八极，上下无边。子欲随吾，乌可得焉?"喜曰："蹈火赴渊，下地上天，灰身没命，愿随大仙。"老君曰："汝虽骨相合道，然受道日浅（按："浅"原作"变"，据序刊本改），安得行化诸国也?"于是复以道德五千言授之。期曰："千日之外，可寻吾于蜀青羊之肆也。"言讫，身坐云华，冉冉升空，光烛馆舍，五色玄黄，良久乃殁。喜目断云霄，涕泣扳恋，名之曰《西升经》。

喜乃屏绝人事，自著书九篇，号《关尹子》。至丁巳岁，即往西蜀寻访青羊之肆。老君以甲寅年升天，至乙卯岁，复从太微宫分身，降生于蜀国大官李氏之家。已先敕青龙化生为羊，色如青金，常在所生婴儿之侧，爱玩无斁。忽一日失羊，童子寻觅，得于市肆。喜至蜀，遍问居人，无青肆者。忽见童子牵羊，因问："此谁家羊？牵欲何往?"童子答曰："我家夫人生一儿，爱玩此羊，失来两日，儿啼不止，今却寻得，欲还家。"喜即嘱曰："愿为告夫人之子云：尹喜至矣。"童子入告，儿即振衣而起，曰："令喜前来。"喜既入其家，庭宇忽然高大，涌出莲花之座。儿化数丈白金之身，光明如日，顶有圆光，坐于莲花座上。举家惊怪。儿曰："吾老君也。太微是宅，真一为身。主客相因，何乃怪耶?"喜将慰无量，稽首言曰："不谓复奉天颜。"老君曰："吾向留子者，以子初受经诀，未克成功，是以待子于此。今子保形炼色，已造真妙。心结紫络，面有神光，金名表于玄圃，玉扎系于紫房也。"即命五老上帝、四极鉴真，授喜玉册金文，号文始先生，位为无上真人，居一十四天王之上，统领八万仙士。自此方得飞腾虚空，参得龙驾。

李八百

李八百

李八百，蜀人，名真。居筠阳五龙冈。历夏商周，年八百岁，动行则八百里，时人因号为“李八百”。或隐山林，或居廛市。又修炼于华林山石室，丹成，还蜀中。周穆王时，居金堂山。蜀人历代见之，号“紫阳真君”。

丁令威

丁令威

丁令威，本辽东人。学道于灵虚山。后化鹤归，集华表而吟曰：“有鸟有鸟丁令威，去家千岁今来归。城郭如故人民非，何不学仙冢累累?”

鬼谷子

鬼谷子

鬼谷子，春秋时人，姓王，名诩。尝入云梦山采药得道，颜如少童。居青溪之鬼谷，苏秦、张仪往问道，三年辞去，子遗之书曰："二足下功名赫赫，但春华至秋，不得久茂。今二子好朝露之荣，忽长久之功，轻乔松之永延，贵一旦之浮爵。夫女爱不极席，男欢不毕轮，痛哉!"鬼谷处人间数百岁，后不知所之。有《阴符》、《鬼谷子》二书行于世。

劉越

刘越

刘越。周时有匡先生，名续，修于南嶂山。时有一少年，数来相访，言论奇伟。先生异之，问曰："睹子风猷有日矣，僭问乡邦姓字?"答曰："姓刘名越。居在山之左，山下有石，高二丈许，叩之即当相延。"先生如其语访之。叩石，石忽自开，双户洞启，一小鬟迎先生，行数十步，继有二青衣绛节前导。渐见台榭参差，金碧掩映，珍禽奇兽，草木殊异。真人冠玉冠，朱绶剑佩来迎。先生意欲留居之，真人谓先生曰："子阴功未满，后会可期，他日相从未晚也。"饮玉酒三爵、延龄保命汤一啜而出。先生返顾所叩之石，宛然如初。他日复叩，无所应矣。

韓湘子

韩湘子

韩湘子，字清夫，韩文公犹子也。落魄不羁，遇纯阳先生，因从游。登桃树堕死而尸解。来见文公，文公勉之学。湘曰："湘之学与公异。"因作诗见志曰："青山云水窟，此地是吾家。子夜餐琼液，寅晨咀绛霞。琴弹碧玉调，炉炼白珠砂。宝鼎存金虎，芝田养白鸦。一瓢藏造化，三尺斩妖邪。解造逡巡酒，能开顷刻花。有人能学我，同共看仙葩。"公览曰："子岂能夺造化耶?"公即为开樽，果成佳酝。复聚土，无何，开碧花一朵，花间拥出金字一联："云横秦岭家何在，雪拥蓝关马不前。"公读之，不解其意。湘曰："他日自验。"未几，公以极谏佛骨事谪官潮州。途中遇雪，俄有一人冒雪而来，乃湘也，曰："公能忆花间句乎?"公询其地，即蓝关，嗟叹久之，曰："吾为汝足此诗。"即韩集中"一封朝奏九重天"云云。遂与湘宿蓝关传舍，公方信湘之不诬也。湘辞去，出药一瓢与公曰："服一粒可以御瘴。"公怆然。湘曰："公不久即西，不惟无恙，且当复用。"公曰："此后复有相见之期乎?"湘曰："前期未可知也。"

白石生

白石生

白石生，中黄丈人弟子。彭祖时已二千余岁。不爱飞升，但以长生为贵而已。以金液为上药，家贫不能得，养猪牧羊十数年，致富万金，乃买药服之。尝煮白石为粮，因就白石山居，遂号白石生。亦时食脯，亦时辟谷，日能行三四百里，颜色如三十许人。或问："何以不爱飞升？"答曰："天上未必乐于人间也。"

安期生

安期生

安期生，琅琊阜乡人。卖药海边，时人皆呼“千岁公”。秦始皇请见，与语三夜，赐金帛数万。出，于阜乡亭皆置去，留书并赤玉舄一量为报，曰：“后千岁，求我于蓬莱山下。”始皇遣使者数辈入海求之，未至蓬莱山，辄遇风波而还。乃立祠阜乡亭并海边十处。

東方朔

东方朔

东方朔，字曼倩。尝出经年，兄曰："汝经年一归，何以慰我？"对曰："朔暂之紫泥海，有紫水污衣，乃过虞渊湔洗，朝发中还，何云经年？"

汉武帝时上书曰："臣朔少失父母，长养兄嫂。今年二十二，长九尺三寸，口若悬珠，齿若编贝，勇若孟贲，捷若庆忌，廉若鲍叔，信若尾生。若此可以为天子臣矣。臣朔冒死再拜以闻。"朔文辞不逊，高自称誉。上伟之，令待诏公车，又迁待诏金马门。赐之食于前，食尽，怀其余肉，衣尽污。数赐缣帛，担揭而去。尝用所赐钱帛取少妇于长安中，一岁即弃去，更取所赐物尽填之女子。人皆笑之，朔曰："如朔，所谓避世于朝廷间者。"时酒酣，据地歌曰："陆沉于俗，宫殿可以避世全身，何必深山之中、蒿庐之下？"

朔将死，谓同舍郎曰："天下人无能知朔，知朔者惟大伍公耳。"朔亡。后武帝召大伍公问之，答以不知。帝曰："公何所能？"曰："颇善星历。"帝问："诸星具在度否？"曰："诸星皆在，独不见岁星四十年，今复见耳。"帝仰天叹曰："东方朔在朕傍十八年，而不知为岁星。"因惨然不乐。

鍾離權

钟离权

钟离权，燕台人，后改名觉，字寂道，号王阳子，又号云房先生。父为列侯，宦云中。诞生真人时，异光数丈，侍卫皆惊。真人顶圆额广，耳厚眉长，目深鼻耸，口方颊大，唇脸如丹，乳远臂长，如三岁儿。昼夜不声，第七日，跃然而言曰："身游紫府，名书玉京。"

及壮，仕汉为大将。征吐蕃失利，独骑奔逃山谷。迷路，夜入深林，遇一胡僧，蓬头拂额，体挂草衣。引行数里，见一村庄，曰："此东华先生成道处，将军可以歇息矣。"揖别而去。真人未敢惊动庄中，良久闻人语，云："此必碧眼胡人饶舌也。"一老人披白鹿裘扶青藜杖，抗声前曰："来者非汉大将军钟离权耶？汝何不寄宿山僧之所？"真人闻而大惊，知为异人。是时方脱虎狼之穴，遽有鸾鹤之思，乃回心向道，哀求度世之方。于是老人授长生真诀及金丹火候、青龙剑法。真人辞去，回顾庄居，不见其处。后再遇华阳真人，传以太乙刀圭、火符内丹。云游至鲁，居邹城，入崆峒，于紫金四皓峰居之，得玉匣秘诀，遂仙去。

馬成子

马成子

马成子，秦扶风人。性喜恬退，不乐纷荣。尝自叹曰：“人生若流电尔，奈何久恋尘寰中?”于是弃家访道，入蜀之鹤鸣山石室中，修炼二十余年。后遇异人，授以神丹，曰：“气为内丹，药为外丹。子得此服之，当列为上仙矣。”言讫而去。成子遵其术行之，遂白日升天。

劉晨
阮肇

刘晨、阮肇

刘晨，剡县人。汉永平中，与阮肇入天台采药，路迷不得返。经十三日，饥渴甚，望山上有桃实，共取食之。下山取涧水饮，见一杯流出，中有胡麻饭焉。二人喜曰：“此近人家矣。”遂度山，出一大溪，溪边有二女，色甚美，顾笑曰：“刘阮二郎捉杯来耶?”刘阮异之。二女欢然如旧，曰：“来何晚耶?”即邀还家。南壁东壁各有罗帷绛帐，命侍女具馔，有胡麻饭、山羊脯，甚甘美。食毕行酒，俄有群女持桃笑曰：“贺汝婿来。”酒酣作乐。夜半各就一帐宿，婉态殊绝。至十日，求还，苦留半年。气候草木常似春，百鸟啼响。归思更切，二女曰：“罪根未灭，使君等至此。”遂指示还路。及归，乡邑零落，已七世矣。再往女家，寻觅不获。晋太康八年，失二人所在。

卷二

張道陵

张道陵

张道陵，字辅汉，子房八世孙。身长九尺二寸，庞眉广颡，朱顶绿睛，隆准方颐，目有三角，伏犀贯顶，垂手过膝，龙蹲虎步，望之俨然。汉光武建武十年，生于天目山。母初梦大人自北魁星中降至地，以蘅薇香授之。既觉，满室异香，经月不散，感而有孕。及生日，黄云笼室，紫气盈庭，室中光气如日月。

七岁通《道德经》、河洛图纬之书，皆极其奥。举贤良方正，身虽仕而志在修炼。入蜀，爱蜀中溪岭深秀，遂隐于鹤鸣山。弟子有王长者，习天文，通黄老，相与炼龙虎大丹。三年丹成，真人年六十余，饵之，若三十许人。与王长入北嵩山，遇绣衣使者，告曰："中峰石室藏《上三皇内文》、《黄帝九鼎》、《太清丹经》，得而修之，乃升天也。"于是真人斋戒七日，入石室，跫然有声，掘地取之，果得丹书。精思修炼，能分形散影。每泛舟池中，诵经堂上，隐几对客，杖藜行吟，一时并起，人皆莫测。西城房陵间有白虎神，好饮人血，每岁其乡杀人祭之。真人召其神，戒之，遂灭。又梓州有大蛇，时吐毒雾，行人中毒辄死。真人以法禁之，不复为害。

顺帝壬午岁正月十五夜，真人在鹤鸣山梦觉，惟闻銮佩珊珊，天乐隐隐。瞪目东瞻，见紫云中素车一乘。车中一神人，容若冰玉，神光照人，不可正视。车前一人敕真人曰："子勿惊怖，即太上老君也。"真人礼拜。老君曰："近蜀中有六大鬼神，枉暴生民，深可痛惜。子其为吾治之，以福生灵，则子功无量，而名录丹台矣。"乃授以正一盟威秘箓、三清众经九百三十卷、符箓丹灶秘诀七十二卷、雌雄剑二把、都功印一枚。且曰："与子千日为期，后会阆苑。"真人乃叩头领讫。日味秘文，按法遵修。

时有八部鬼帅，各领鬼兵动亿万数，周行人间，暴杀万民，枉夭无数。真人奉老君诰命，佩盟威秘箓往青城山。置琉璃高座，左供大道元始天尊，右置三十六部真经，立十绝灵幡，周匝法席，鸣钟扣磬，布龙虎神兵。众鬼即挟兵刃矢石，来害真人。真人举手一指，化为一大莲花拒之。众鬼复持火千余炬来，真人举手一指，鬼反自烧。遥谓真人曰：“师自住峨嵋山，何为来侵夺我居处?”真人曰：“汝等残害众生，所以来伐汝，摈之西方不毛之地，奉老君命也。自今速当远避，勿复行病人间。如违，即当诛戮无留种。”鬼王不服，次日复会六大魔王，率鬼兵百万环攻。真人乃以丹笔一画，众鬼尽死，惟六魔王仆（按：“仆”原作“什”，据序刊本改）地不能起，扣头求生。真人不顾，复以丹笔一裁，此山遂分为二。六魔王欲度不能，始大声哀求，愿往西方娑罗国居止焉。真人乃许之，倒笔再画，六魔群鬼悉起，真人命王长肩一大石为桥度之。真人犹欲服其心，谓之曰：“试与尔各尽法力。”六魔曰：“惟命。”真人投身入火，即足履青莲而出；鬼帅投火，为火所烧。真人入水，乘黄龙而出；鬼帅入水，为水所溺。真人以身入石，透石而出；鬼帅投石，才入一寸。真人咒神符一道，左手指之鬼毙，右手指之复生；鬼帅左右指，无生无死。鬼帅化八大虎，奔攫而来；真人化一狮子逐之。鬼帅化八大龙，欲来擒师；真人化金翅鸟，啄龙目睛。鬼帅作五色云，昏暗天地；真人化五色日，炎光辉灼，云即流散。鬼帅变化技穷，真人乃化一大石，可重万余斤，以藕丝悬之鬼帅营上，令二鼠争啮，其丝欲堕。鬼帅同声哀告，再不虐害生民。真人遂命六大鬼王归于北酆，八部鬼帅窜于西域。鬼众犹踌躕不去，真人乃口敕神符一道，飞上层霄。须臾风雨雷电刀兵毕至，群鬼灭影而遁。

真人至苍溪县云台山，谓王长曰：“此山乃吾成功飞腾之地也。”遂卜居，修九还七返之功。一日复聆銮佩天乐之音，真人整衣叩伏，见老君千乘万骑，来集云际，徘徊不下。真人再拜，老君乃命使者告曰：“子之功业，合得九真上仙。吾昔使子入蜀，但区别人鬼，以布清净之化。而子杀鬼过多，又擅兴风雨，役使鬼神。阴景翳昼，杀气秽空，殊非大道好生之意。上帝正责子过，所以吾不得近子也。子且退居，勤行修谢。吾待子于无何有乡上清八景宫中。”言讫，圣驾升去。真人遂依告文与王长迁鹤鸣山。谓弟子赵升曰："彼处有妖，当往除之。"及至，值十二神女笑迎于山前，因问曰："此地有咸泉，何在?"神女曰："前大湫是，毒龙处之。"真人遂书一符，化为金翅鸟，向湫上盘旋。毒龙惊，舍湫而去，遂得咸泉，后居民煮之有盐。十二神女各出一玉环来献，曰："妾等愿事箕帚。"真人受其环，以手缉之，十二环合而为一，谓曰："吾投此环于井中，能得之者，应吾夙命也。"神女竞解衣入井，争取玉环。真人遂掩之，盟曰："令作井神，无得复出。"彼方之民至今不罹神女之害，而获咸井之利。

真人重修二十年，乃复领赵升、王长往鹤鸣山。一日午时，忽见一人，黑帻绢衣，佩剑，捧一玉函进曰："奉上清真符，召真人游阆苑。"须臾有黑龙驾一紫辇，玉女二人引真人登车，旋踵至阙，群仙礼谒。良久忽二青童朱衣绛节前导曰："老君至矣。"乃相与腾空而上，至一殿，金阶玉砌。或谓真人曰："将朝太上元始天尊也。"真人整衣，趋进殿上。移时，殿上敕青童谕（按："谕"原作"论"，据序刊本改）真人以正一盟威之法，使世世宣布为人间天师，劝度未悟，仍密谕飞升之期。真人受命，乃复还鹤鸣山。

桓帝永寿元年正月七日五更初，长、升见空中老君驾龙舆，命真人乘白鹤同往成都，重演正一盟威之旨，说《北斗》、《南斗》经毕，老君复去。真人欲留其神迹，乃于云台西北半崖间，举身跃入石壁中，自崖顶而出，其山因成二洞。九月九日在巴西赤城渠亭山中，上帝遣使者持玉册，授真人正一真人之号，论以行当飞升。真人乃以盟威都功等诸品秘箓、斩邪二剑、玉册玉印，以授其长子衡。且谓长、升曰："尚有余丹，二子可分饵之，今日当随吾上升矣。"亭午，群仙仪从毕至，天乐拥导，于云台峰白日升天。时真人年一百二十三岁也。

蕭史

萧史

萧史得道，好吹箫。秦穆公以女弄玉妻之，遂教弄玉吹箫，作凤鸣，有凤来止其屋，公为作凤台。后弄玉乘凤，萧史乘龙，共升天去。

梅福

梅福

梅福字子真，寿春人。仕汉为南昌尉。见王莽专政，叹曰："生为我酷，形为我辱，知为我毒，身为我桎梏。"遂弃家求仙。遍游雁荡南闽诸山，至仙霞山，遇空同仙君，授以内外丹法，谓福曰："汝缘在飞鸿山。"福遂往，结庵修炼，丹成，复还寿春。一日紫雾浮空，金童玉女捧诏控鸾下，福拜诏辞家，乘鸾而去。人见福于宋元丰间。封寿春真人。

黄初平

黄初平

黄初平，晋丹溪人。年十五，牧羊遇道士，引至金华山石室中，四十余年。其兄初起寻之不获，后遇道士善卜，起问之，曰："金华山中有一牧羊儿。"初起即往见初平。问羊安在，曰："在山东。"往视之，但见白石磊磊。初平叱之，石皆成羊。初起亦弃妻子学道，后亦成仙。

費長房

费长房

费长房，汝南人。曾为市掾。有老翁卖药于市，悬一壶于肆头，及市罢，辄跳入壶中。市人莫之见，惟长房于楼上睹之，异焉。因往，再拜，翁曰："子明日更来。"长房旦日果往，翁乃与俱入壶中。但见玉堂厂丽，旨酒甘肴，盈衍其中。共饮毕而出，翁嘱不可与人言。后乃就长房楼上曰："我仙人也，以过见责。今事毕当去，子宁能相随乎？楼下有少酒与卿为别。"长房使十人扛之，犹不能举，翁笑而以一指提上。视器如有一升许，而二人饮之终日不尽。

长房心欲求道，而念家人为忧。翁知，乃断一青竹，使悬之舍后。家人见之，长房也，以为缢死，大小惊号，遂殡殓之。长房立其傍，而众莫之见。于是随翁入山，践荆棘，于群虎之中，留使独处，长房亦不恐。又卧长房于空室，以朽索悬万斤石于其上，众蛇竞来，啮索欲断，长房亦不移。翁还抚之曰："子可教也。"复使食粪，粪中有三虫，臭秽特甚，长房意恶之。翁曰："子几得道，恨于此不成，奈何？"长房辞归，翁与一竹杖，曰："骑此任所之，顷刻至矣，至当以杖投葛陂中。"长房乘杖，须臾来归。自谓去家适经旬日，而已十余年矣。即以杖投陂，顾视则龙也。家人谓其死久，惊讶不信。长房曰："往日所葬竹杖耳。"乃发冢剖棺，杖犹存焉。遂能医疗众病，鞭笞百鬼。又尝食客，而使使至宋市鲊，须臾还，乃饭。桓景尝学于长房，一日谓景曰："九月九日汝家有大灾，可作绛囊盛茱萸系臂上，登高山饮菊花酒，祸可消。"景如其言，举家登山。夕还，见牛羊鸡犬皆暴死焉。

藍采和

蓝采和

蓝采和，不知何许人。常衣破褴衫，六銙黑木腰带阔三寸余，一脚着靴，一脚跣足。夏则衫内加絮，冬尝卧雪中，气出如蒸。每于城市乞索，持大拍板，长三尺余，醉而踏歌，老少皆随看之。似狂非狂，歌词率尔而作，皆神仙意，人莫之测。得钱则用绳穿，拖之而行，或散失亦不顾，或赠贫者，或与酒家。周游天下，人有自儿童时见之者，及班白见之，颜状如故。后于濠梁酒楼上饮酒，闻有笙箫声，忽然乘鹤而上，掷下靴衫腰带拍板，冉冉而去。

孫登

孙登

孙登，字公和。于汲郡北山上窟中住，夏则编草为裳，冬则披发自覆。善长啸，好读易，鼓一弦琴，性无喜怒。嵇康从之游三年，问其所图，终不答。将别，谓曰：“先生竟无言乎?”登曰：“子识火乎? 火生而有光而不用其光，果然在于用光；人生而有才而不用其才，果然在于用才。故用光在乎得薪，所以保其耀；用才在乎识真，所以全其年。”康又请学琴，登不教之，曰：“子才多识寡，难免于今之世矣。”后康果遭吕安事，在狱为诗自责云：“昔惭下惠，今愧孙登。”登竟白日升天。

麻姑

麻姑

麻姑，仙人王方平之妹。汉桓帝时，方平降蔡经之家，曰："汝当得度世，故来教汝。但汝气少肉多，未能即上天，当作尸解。"乃告以要言而去。经后忽身发热如火，三日肉消骨立。入室以被自覆，忽然失其所在。视其被中，但有形如蛇蜕。

后十余年忽还家，语家人曰："七月七日王君复来，当作酒数百斛以待。"其日，方平果着远游冠，乘五龙车，前后麾节，旌旗导卫，如大将军侍从。既至，从官皆隐。经父兄参毕，方平乃遣人迎麻姑。少顷，麻姑至，经举家见之，年可十八许，顶中作髻，余发散垂至腰，锦衣绣裳，光彩耀目。坐定，自进行厨擗麟脯，器皆金玉。时经妇新产，麻姑见之，乃曰："噫！且止勿前。"索少许米来，掷地皆成丹砂。方平笑曰："麻姑犹作少年戏也。"姑云："接侍以来，东海三为桑田，蓬莱水又浅矣。"方平亦曰："圣人皆言海中将复扬尘也。"麻姑手似鸟爪。蔡经私念：背痒时得此爪搔之佳。方平即知，乃鞭经背曰："麻姑，神人也。汝谓其爪可搔背痒耶?"方平去，麻姑亦辞去。

呂洞賓

吕洞宾

吕岩，字洞宾，唐浦州永乐县人，号纯阳子。初，母就蓐时，异香满室，天乐浮空，一白鹤自天而下，飞入帐中不见。生而金形木质，鹤顶龟背，凤眼朝天（按："朝天"原作"□入"，据序刊本改），双眉入鬓。少聪明，日记万言，矢口成文。身长八尺二寸，状类张子房。二十不娶。始在襁褓，马祖见曰："此儿骨相不凡，自是风尘物外。他时遇庐则居，见钟则扣，留心记取。"后游庐山，遇火龙真人，传天遁剑法。

唐会昌中，两举进士不第，时年六十四岁。游长安酒肆，见一羽士青巾白袍，偶书绝句于壁曰："坐卧常携酒一壶，不教双眼识星都。乾坤许大无名姓，疏散人间一丈夫。"洞宾讶其状貌奇古，诗意飘逸，因揖问姓氏。羽士曰："吾云房先生也，居在终南鹤岭。子能从游乎？"洞宾未应，云房因与同憩肆中。云房自为执炊，洞宾忽就枕昏睡，梦以举子赴京，状元及第，始自郎署，擢台谏、翰苑、秘阁及诸清要，无不备历。两娶富贵家女，生子婚嫁蚤毕，几四十年。又独相十年，权势薰炙。偶被重罪，籍没家资，分散妻孥，流于岭表，一身孑然，立马风雪中。方兴浩叹，恍然梦觉，炊尚未熟。云房笑吟曰："黄粱犹未熟，一梦到华胥。"洞宾惊曰："先生知我梦耶？"云房曰："子适来之梦，升沉万态，荣悴千端，五十年间一瞬耳。得不足喜，丧不足悲，世有大觉，而后知人世一大梦也。"洞宾感悟，遂拜云房，求度世术。云房试之曰："子骨节尚未完，欲求度世，须更数世可也。"诩然别去，洞宾即弃儒归隐。

云房自是十试洞宾。第一试，洞宾自外远归，忽见家人皆病死。洞宾心无悔恨，但厚备葬具而已。须臾死者皆起，无恙。第二试，洞宾鬻货于市，议定其值，市者翻然止酬其直之半，洞宾无所争，委货而去。第三试，洞宾元日出门，遇丐者倚门求施，洞宾即与钱物。而丐者索取不厌，且加谇詈，洞宾惟再三笑谢。

第四试，洞宾牧羊山中，遇一饿虎奔逐群羊，洞宾独以身当之，虎乃释去。第五试，洞宾居山中草舍读书。一女容华绝世，光艳照人，自言归宁迷路，借此少憩。既而调弄百端，洞宾竟不为动。第六试，洞宾一日郊出，及归，则家赀为盗劫尽，洞宾了无愠色。躬耕自给，忽锄下见金数十斤，速掩之，一无所取。第七试，洞宾遇卖铜器者，市之以归，皆金也，即访卖主还之。第八试，有风狂道士陌上市药，自言服者立死，再世得道。洞宾买之，道士曰："子速备后事（按："后事"原作"愆争"，据序刊本改）可也。"辄服无恙。第九试，春潦泛溢，洞宾与众其涉，至中流，风涛掀涌，众皆危惧，洞宾端坐不动。第十试，洞宾独坐一室，忽见奇形怪状鬼魅无数，有欲击者，有欲杀者，洞宾绝无所惧。忽闻空中一叱声，鬼神皆不复见，一人抚掌大笑而下，即云房也。曰："吾十试子，皆无所动，得道必矣。吾今授子黄白之术，济世利物，使三千功满，八百行圆，方来度子。"洞宾曰："所作庚辛有变异乎？"曰："三千年后，还本质耳。"洞宾愀然曰："误三千年后人，不愿为也。"云房笑曰："子推心如此，三千八百悉在是矣。"乃携洞宾至鹤岭，悉传以上真秘诀，又以灵宝毕法及灵丹数粒示洞宾。授受间，有二仙捧金简宝符，语云房曰："上帝诏汝为九天金阙选仙。"云房谓洞宾曰："吾赴帝召，汝好住人间，修功立德，他时亦当如我。"洞宾再拜曰："岩之志异于先生，必须度尽天下众生，方愿上升也。"于是云房乘云，冉冉而去。

洞宾既得云房之道，兼火龙真人天遁剑法，始游江淮，试灵剑，遂除蛟害。隐显变化四百余年，常游湘潭岳鄂及两浙汴谯间，人莫知识，自称回道人。宋政和中，宫中有祟，白昼见形，盗金宝妃嫔。上精斋虔祷奏词，凡六十日。昼寝，见东华门外有一道士，碧莲冠，紫鹤氅，手持水晶如意，揖上曰："臣奉上帝命，来治此祟。"即召一金甲丈夫捉祟，劈而啖之且尽。上问："丈夫何人？"道士曰："此乃陛下所封崇宁真君关羽也。"上勉劳再四，因问："张飞何在？"羽曰："张飞为臣累劫，世世作男子身。今已为陛下生于相州岳家矣。”上问道士姓名，道士曰：“臣姓阳，四月十四日生。”梦觉录之，知其为洞宾也。自是宫禁帖然，遂诏天下有洞宾香火处，皆正妙通真人之号。其神通妙用，不能尽述。后岳穆武父果梦张飞托世，故以飞命名云。

張果

张果

张果，隐于恒州中条山，往来汾晋间，得长生秘术。常乘一白驴，日行数万里。休息时，折叠之，其厚如纸，置于巾箱中。乘则以水噀之，复成驴。

唐太宗、高宗征之，不起。武后召之，出山，佯死于妒女庙前。时方炎暑，须臾臭烂生虫，于是则天信其死矣。后有人于恒州山中复见之。开元二十三年，明皇诏通事舍人裴晤驰驿于恒州迎之。果到东京，于集贤院安置，备加礼敬。帝问神仙，不答。善息气，累日不食，数饮酒。上赐之酒，辞曰："小臣饮不过二升，有一弟子，可饮一斗。"明皇喜，令召之。俄顷，一小道士自殿檐飞下，年可十五六，美姿容，步趣闲雅。明皇命坐，果曰："弟子当侍立。"明皇愈喜，赐酒，饮及一小斗，果辞曰："不可更赐过度。"明皇因逼赐之，醉，酒从顶上涌出，冠冲落地，忽化为金榼。上及嫔御皆惊笑，视之，失道士矣，但金榼在地。验之，乃集贤院中榼也，榼仅贮一斗酒。帝谓高力士曰："吾闻饮堇而无苦者，奇士也。"时天寒，因取以饮。果三进，颓然曰："非佳酒也。"乃寝。顷视齿焦缩，顾左右取如意击堕之，藏带中。出药傅之良久，齿复出，粲然如玉。上狩咸阳，获一大鹿，将令大官烹之。果曰："此仙鹿也，已满千岁，昔汉武帝元狩五年，臣鲁侍从畋于上林，获此鹿，乃放之。"上曰："鹿多矣，时迁代变，岂常存乎？"果曰："武帝放之时，以铜牌志于左角下。"遂命验之，果有铜牌二寸许，但文字凋落耳。上问叶法善曰："果何人也？"答曰："臣知之，然臣言之即死，故不敢言。若陛下能免冠跣足救臣，臣方敢言。"上许之。法善曰："混沌初分，白蝙蝠精。"言未绝，七窍流血，僵仆于地。上遽诣果所，免冠跣足自称其罪。果徐曰："此儿多口过，不罚之，恐泄天地之机耳。"上复哀恳久之。果以水噀其面，法善即时复生。帝益重之，诏图形集贤院，号通玄先生。果屡陈老病，乞归恒州。天宝初，明皇遣使征果，果闻，辄卒，弟子葬之。后发棺，但空棺而已。帝立栖霞观祀之。

何仙姑

何仙姑

何仙姑，广州增城县何泰女也。生而顶有六毫。年十四五，梦神人教曰："食云母粉，当轻身不死。"乃服之。遂誓不嫁。常往来山谷，其行如飞，每朝田（按："田"，序刊本作"去"），暮则持山果归遗其母。后渐辟谷。武后遣使召赴阙，中路复失去。景龙中，白日升仙。天宝九年，见于麻姑坛，立五色云中。大历中，又现身于广州小石楼。

左慈

左慈

左慈，字元放，庐江人。于天柱山中精思学道，得石室中丹经，尤明六甲，能使鬼神，坐致行厨，变化万象。曹操召见，闭一室，断谷，期年出之，颜色如故。操尝宴宾曰："今日高会，所少松江鲈耳。"慈因求铜盆贮水，以竿钓之，即得鲈。操曰："恨无蜀姜。"慈曰："易得。"操恐近取，即曰："前使买锦，可报增二十段。"慈曰："诺。"乃掷杯空中，化鹤而去。须臾，袖中出姜。后买锦者回，果云是日得报增锦。操出郊，从者百许。慈为赍酒一升、脯一斤，手自斟酌，百官莫不醉饱。操怪之，行视诸垆，悉亡其酒脯矣。操恶其怪，因收慈，欲杀之。慈乃却入壁中，霍然不知所在。或见于市，捕之，而市人皆变形与慈同，莫辨谁是。或逢慈于阳城山头，因复逐之，遂奔入羊群。操知不可得，乃令使告之曰："不复相杀，本试君术耳。"忽有一老羝屈前两膝，人立而言曰："遽如许。"使欲取之，而群羊数百，皆变为羝，并人立云："遽如许。"亦莫知取焉。

曹國舅

曹国舅

曹国舅，宋太后弟也。因其弟每不法杀人，深以为耻，遂隐迹山岩。精思玄理，野服葛巾，经旬不食。一日遇钟离、纯阳二仙，问曰："闻子修养，所养何物?"对曰："养道。"曰："道何在?"舅指天。曰："天何在?"舅指心。二仙笑谓曰："心即天，天即道。子亲见本来面目矣。"遂授以还真秘术，引入仙班。

許眞君

许真君

许逊，字敬之，号真君，南昌人。吴赤乌二年，母梦金凤衔珠，坠于掌上，玩而吞之，因是有娠，而生真君。少小疏通，与物无忤。尝从猎射，一麀鹿中之而毙，鹿母皇顾舐之，因感悟，折弃弓矢。克意为学，博通经史，尤嗜神仙修炼之术。闻西安吴猛得丁义神方，乃往师之，悉受其秘，日以修炼为事。时买一铁灯檠，因夜燃灯，见漆剥处有光，视之金也，明日访售主还之。

晋武帝太康元年，举孝廉，辟为旌阳县令，吏民悦服。岁饥，民无以输。真君乃以灵丹点瓦砾成金，令人潜瘗于县圃。一日，藉民之未输者，使服力于圃。民锄地得金，用以输纳，遂悉安堵。又岁大疫，死者十七八，真君以所得神方极治之。他郡病民相继而至，于是标竹于郭外，置符水于其中，使就竹下饮之，皆瘥。久之，知晋室将乱，乃弃官东归。

尝憩于柏林，有女童五人各持宝剑来献，真君异而受之。既而偕至真君之家，惟日击剑自娱，真君知其剑仙也。卒获神剑之用。既而与吴君游于丹阳黄堂，闻谌姆多道术，遂同往，叩以道妙。姆曰："昔孝悌王下降曲阜兰公家，谓兰公曰：后晋代当有神仙许逊，传吾此道。留下金丹、宝经、铜符、铁券，授吾掌之以俟子，积有年矣，今当授子。"乃择日登坛，出孝悌王诸秘，悉传之。真君方心期每岁必来谒姆，姆即觉之曰："子勿来，吾即还帝乡矣。"因取香茅一根，南望掷之，曰："子归茅落处，立吾祠，岁秋一至足矣。"二君还，觅访飞茅之迹，遂建祠宇。每岁仲秋之三日，必朝谒焉。

初真君往访飞茅，偶憩真靖，见乡民盛烹宰以祀神，且相戒曰："祭不腆，则神怒降祸。"真君曰："怪祟敢尔？"乃召风雷伐之，拔其林木。明日，告其里人曰："妖社已驱，毋用祭也。"又见人苦远汲，乃以杖刺社前涸泽，出泉以济之，虽旱不竭。渡小蜀江，感江干主人朱氏迎接甚勤，乃戏画一松于其壁，其家因之得利加倍。后江涨溃堤，市舍俱漂，惟松壁不坏。真君往西安县，行过一小庙，庙神迎告曰："此有蛟害民，知仙君来，逃往鄂渚矣。"真君至鄂渚，路逢二老人，指曰："蛟伏前桥下。"真君至桥，仗剑叱之，妖蛟惊奔入大江，匿于深渊。乃敕吏兵驱出，遂诛之。

时海昏之上，缭有巨蛇，据山为穴，吐气成云，亘四十里，人畜在其气中者，俱被吞吸，大为民害。真君闻之，乃集弟子，遂前至蛇所，仗剑布炁。蛇惧入穴，乃飞符召海昏社伯驱之。蛇始入穴，举手高十余丈，目若火炬，吐毒冲天。真君啸命风雷，呼指神兵，以摄伏之，使不得动。乃飞步踏其首，以剑劈其颡，弟子施岑、甘戢等引兵挥之。蛇腹裂，有小蛇自腹中出，长数丈。甘君欲斩之，真君曰："彼未为害，不可妄诛。一千二百五十余年后为民害，吾当复出诛之。以吾坛前植柏为验，其枝拂坛扫地，是其时也。"又预谶云："吾仙去后一千二百四十年间，豫章之境，五陵之内，当出地仙八百人。此时小蛇若为害，彼八百人自当诛之。"蛇子遂得入江。真君曰："大蛇虽灭，蛟精未诛，恐其俟隙溃郡城，吾归郡乎。"乃与甘施二君归郡。周览城邑，遇一少年通谒，自称姓慎，礼貌勤恪，应对敏给，遽告真君。谓弟子曰："适来者非人，即老蛟，故来见试也。"迹其所之，乃在郡城江浒，化黄牛卧沙碛之上。真君剪纸化黑牛往斗之，令施岑潜持剑往，俟其斗酣，即挥之。施君一挥中其左股，牛奔入城南，直至长沙，化为人，入贾玉使君之家。先是，蛟精尝慕玉之美女，化为一美少年谒之。玉爱其才，乃妻以女。居数载，生二子。常以春夏之交，孑然而出，至秋则乘巨舰重载而归，盖乘春夏大水覆舟所获也。是秋空还，给玉云："财货为盗所劫，且伤左股。"玉求医疗之。真君即为医士谒玉，玉喜，召婿出，蛟精觉，惧不敢出。真君随至其堂，厉声叱曰："江湖蛟精，害物不浅，吾寻踪至此，岂容复藏！速出。"蛟精计穷，遂见本形，蜿蜒堂下，为吏兵所诛。真君以法水噀其二子，亦皆为小蛟，并诛之。真君谓玉曰："蛟精所居，其下深不逾尺，皆洪波也，可速徙居。”玉乃迁高原，其地果陷为渊。真君复还豫章，而蛟之余党甚盛，虑真君诛之，皆化为人，诡言曰：“仆家长安，积世崇善，远闻贤师许君有神剑，愿闻其功。”弟子语之曰：“吾师神剑，指天天裂，指地地坼，万邪不敢当，神圣之宝也。”蛟党曰：“亦有不能伤者乎？”弟子戏之曰：“惟不能伤冬瓜、葫芦尔。”蛟党以为诚然，尽化为葫芦、冬瓜，浮泛满江。真君知为蛟党所化，以剑授施岑，履水斩之，悉无噍类。由是水妖屏迹，城邑无虞。

明帝太宁二年，大将军王敦举兵内向，次慈湖。真君与吴君同往谒敦，冀说止之。时郭璞在幕府，因璞与俱见。敦喜，延之饮，而问曰：“予梦一木破天，君等以为何如？”真君曰：“非佳兆也。”吴君曰：“木上破天，未字也。公宜未可妄动。”敦色变，令璞筮之。璞曰：“无成。”敦怒，令武士擒璞斩之，真君乃举杯掷地，化为白鹄，飞绕梁栋。敦一举目，已失二君所在。后敦败（按：“败”原作“见”，据序刊本改）。二君还至金陵，欲买舟至豫章，而舟人告以乏刺舟者。真君曰：“尔但瞑目安坐，切勿觇视。吾自为汝驾之。”默召二龙挟舟而行。舟渐凌空，俄过庐山顶，至紫霄峰金阙洞。舟人拜求济度，真君教以服饵灵草，遂得辟谷不死，隐于此山。二君各乘一龙，以归旧隐。数十年间，不复以时事关意，惟精修至道。

孝武宁康二年，真君一百三十六岁。八月朔旦，有二仙自天而下云：“奉玉皇命，授真人以九州都仙太史高明大使之职。”并告以冲举之日，遂乘云车而去。是月望日，遥闻天乐之音，祥云冉冉，羽盖龙车，从官兵卫，仙童玉女，前后导从，乃揖真君升龙车。真君与其父族侍从盱烈，与其母部侍从仙春，四十二口，同时白日拔宅升天，鸡犬亦随。百里之内，异香芬馥，经月不散。

卷三

司馬真人

司马真人

司马承祯，字子微。事潘师正，传辟谷导引之术，遍游名山。唐睿宗迎至京。帝问其术，对曰："为道日损，损之又损，以至于无为。"帝曰："治身则尔，治国若何？"对曰："身犹国也。游心于淡，合气于漠，与物自然，而无容私焉，则天下治。"帝叹咏曰："广成子之言，何以加此！"辞归天台。卢藏用指终南山曰："此中大有佳处，何必天台？"对曰："以仆观之，是仕宦之捷径尔。"卢初隐终南，后登庸，闻言殊有惭色。开元中，文靖天师与承祯赴千秋节斋，直长生殿。中夜行道毕，隔云屏各就枕，微闻若小儿诵经声，玲玲如金玉。天师乃褰裳蹑步听之，见承祯额上有一小日如钱，光耀一席，逼而视之，乃承祯脑中之声也。天师还，谓其徒曰："《黄庭经》云：泥丸九真皆有房，方圆一寸处此中。先生之谓乎？"一日，谓弟子曰："吾今为东华君所召，必须往。"俄顷化去如蝉脱，弟子葬其衣冠焉，时年八十有九。有《修真秘旨》、《坐忘论》等书行于世。

王質

王质

王质，晋衢州人。入山伐木，至石室山，见石室中有数老人围棋，质置斧观之。老人以物如枣核与质，令含咽其汁，便不觉饥渴。且告云："汝来已久，可还。"质取斧，柯已尽烂矣。质亟归家，已数百年，亲旧无复存者。复入山，得道。人往往见之。

陶弘景

陶弘景

陶弘景，字道明，秣陵人。初，母梦青龙自怀而出，已而有娠。生而幼有异操。十岁见葛洪《神仙传》，昼夜研寻。谓人曰："仰青云，睹白日，不觉为远矣。"及长，身长七尺七寸，神仪明秀，朗目疏眉。耳各有七十余毛，出外二寸许。右膝有数十黑子，作七星文。读书万卷，善琴棋，工草隶。弱冠，齐高帝作相，引为诸王侍读。虽在朱门，闭影不交外物，惟以披阅为务。永明十年，脱朝服挂神武门，上表辞禄，诏许之。乃止于句容之茅山，立馆号曰华阳隐居。遍历名山，寻访仙药。每经涧谷，必坐卧其间，吟诵盘桓不能已。沈约为东阳守，高其志节，累书邀之，竟不至。弘景为人，员通谦谨，出处冥会，心如明镜，遇物便了。永元初，架三层楼，弘景处其上，与物遂绝，惟一家僮得至其所。元善骑射，晚皆不为，雅听吹笙而已。特爱松风，庭院皆植松，每闻其响，欣然为乐。有时独游泉石，望见者咸以为仙人。

及梁武禅代，弘景援引图谶数处，皆成梁字，令弟子进之。武帝恩礼愈笃。及得神符秘诀，以为神丹可成，而苦无药物。帝给黄金朱砂等物，乃合飞丹，色如霜雪，服之体轻。帝服亦验，益敬重之，屡加礼聘，并不就。惟画两牛，一牛散放水草之间，一牛着金笼头，有人执绳，以策驱之。武帝笑曰："此人欲学曳尾之龟，岂可复致？"国家每有大事，无不咨之，时谓山中宰相。年逾八十，无异壮容。后简文帝临南徐州，钦其风素，退居后堂召之。弘景葛巾进见，与谈数日而去。帝甚为敬异。

其弟子桓闿得道，将升天。弘景问曰："某行教修道，勤亦至矣，得非有过，尚淹延在世乎？"乃托闿探之。闿升天后，还谓弘景曰："师之阴功极著，但所修本草多用虻虫、水蛭之类，功虽及人，亦伤命物。以此，一纪后方解形拂世，为蓬莱都水监耳。"弘景复以草木之药可代物命者，著《别行本草》三卷，以赎其过。一日无疾，自知应逝，逆克亡日，仍作告逝诗。大同二年卒，时年八十五。颜色不变，屈伸如常，香气累月，氤氲满山。

裴航

裴航

裴航，唐长庆中书生。因下第，游于鄂渚。谒故旧崔相国，相国赠钱二十万，遂挈归于京。因佣巨舟，载于襄汉。闻同载有樊夫人，国色也。航无由睹面，因侍婢袅烟而达诗一章，曰："向为胡越犹怀想，况遇天仙隔锦屏。傥若玉京朝会去，愿随鸾鹤入青冥。"数日后，夫人亦使袅烟答诗一章，云："一饮琼浆百感生，玄霜捣尽见云英。蓝桥便是神仙窟，何必崎岖上玉京。"航览之，空愧佩而已，然亦不能洞达诗下旨意。及抵襄汉，夫人使婢挈妆奁，不辞而去。航遍求访，竟无踪兆。

后经蓝桥驿，因渴甚，下（按："下"原作"之"，据序刊本改）道求饮。见茅屋三四间，有老妪缉麻其下。航揖妪求浆，妪咄曰："云英，携一瓯浆来郎君饮。"航忆夫人诗有云英之句，正讶之，俄苇簿之下双手如玉，捧出瓷瓯。航接饮之，不啻玉液也。因还瓯，遽揭簿，见一女子，光彩照人。航爱慕不已，因白妪曰："某仆马甚乏，愿少憩于此。"妪曰："任郎君自便耳。"良久告妪曰："向睹小娘子艳丽惊人，资容耀世，所以踌躕而不能去。愿纳厚礼而娶之，可乎？"妪曰："老病只有此孙女。昨有神仙与灵药一刀圭，但须玉杵臼捣之百日，方可就吞。若欲娶此女者，须得玉杵臼，其余金帛，吾无用处耳。"航拜谢，曰："愿以百日为期，必携杵臼至，幸无复许人。"妪曰："如约。"

航至京，遍访玉杵臼。忽遇一货玉翁，曰："近有一玉杵臼，非二百缗不可得。"航乃倾囊，兼卖仆马，方及其值。辄步骤独携而抵蓝桥。妪见大笑曰："世间有如此信士乎！"遂许以为婚。女亦微笑曰："虽然，更为捣药百日，方议婚好。"妪于襟带间解药付航，航即捣之。每夜犹闻捣药声，航窥之，见玉兔持杵而舂。百日足，妪持药而吞之，曰："吾当入洞而告姻戚，为裴郎具帏帐。"遂挈女入山，谓航曰："但少留此。"逡巡，车马隶人迎航。见一大第连云，朱扉晃日，仙童侍女引航入帐。就礼讫，航拜妪，不任感荷。及引见诸姻戚，皆神仙中人。一女仙鬟髻霓衣，云是妻之姊。航拜讫，女仙曰："裴郎不意鄂渚同舟而抵襄汉乎？"航愧谢。左右曰："是小娘子之姊云翘夫人，刘纲仙君之妻也。已列高真，为玉皇之女史。"妪遂将航夫妻入玉峰洞中琼楼珠室而居之，饵以绛雪琼英之丹，体渐清虚，毛发绀绿，神化自在，超为上仙。

至太和中，友人卢颢遇之于蓝桥驿之西，备说得道之事。乃赠蓝田美玉十斤，紫府云丹一粒。颢稽颡请曰："兄既得道，乞一言惠教。"航曰："老子云：虚其心，实其腹。"颢犹懵然，复语之曰："心多妄想，腹漏精液，虚实可知也。"言讫，忽不见。

孫思邈

孙思邈

孙思邈，华原人。七岁日诵千言。独孤信见之，曰：“圣童也，顾器大难为用耳。”及长，好谈老庄。隐于太白山学道，炼气养神，求度世之术。洞晓天文，精究医药，务行道德。偶见牧童伤小蛇血出，思邈脱衣，赎而救之。旬余出游，见一白衣少年下马拜谢，曰：“吾弟蒙道者所救。”复邀思邈至家。易以己马，偕行如飞。至一城郭，花木盛开，金碧炳耀，俨若王者居。见一人，袷帽绛衣，侍从甚众，忻喜趋接，谢曰：“深蒙厚恩，故遣儿子相迎。”因指一青衣小儿云：“前者此儿独出，为牧竖所伤。赖道者脱衣赎救，得有今日。”乃令青衣小儿拜谢。思邈始省昔日救蛇事，潜问左右：“此为何所?”对曰：“此泾阳水府也。”绛衣王者命设酒馔妓乐宴思邈，思邈辞以辟谷服气，惟饮酒耳。留连三日，乃以轻绡金珠相赠，思邈坚辞不受。乃命其子取龙宫奇方三十首与思邈，曰：“此可以助道者济世救人。”思邈归，以是方历试皆效，乃编入《千金方》中。

隋文帝征为国子博士，不就。至唐太宗召，始诣京师。永徽三年，年已百余岁。一日沐浴，衣冠端坐，谓子孙曰：“吾今将游无何有之乡矣。”俄而气绝，月余颜色不变。及入棺，唯空衣焉。

后皇幸蜀，梦思邈乞武都雄黄，即命中使赍十斤送于峨嵋顶上。见一人幅巾被褐，须眉皓白，指大盘石曰：“可置药于此，石上有表录谢。”使视石上大书百余字，遂录之，随写随灭。须臾白气漫起，因忽不见。成都有一僧，诵《法华经》甚专。忽一日，有仆人至，云：“先生请师诵经。”经过烟岚中，入一山居。先生野服杖藜，两耳垂肩，焚香出听诵经。遂供僧以藤盘竹著，秫饭一盂，杞菊数瓯。僧食之，美若甘露。复赠钱一缗。仆送出路口，僧因问曰：“先生何姓?”曰：“姓孙。”曰：“何名?”仆于掌中手书“思邈”二字。僧大骇，视仆，遽失不见，视钱，皆金钱也。僧自此身轻无疾，后莫知所之。

譚峭

谭峭

谭峭，字景升。幼而聪敏，文史涉目无遗，独好黄老仙传。一旦告父母，出游终南山，师嵩山道士十余年，得辟谷养气之术。常醉游，夏则服乌裘，冬则衣布衫。或卧风雪中，人谓已毙，视之气休休然。颇似风狂，每行吟曰："线作长江扇作天，靸鞋抛在海东边。蓬莱信道无多路，只在谭生拄杖前。"后居南岳炼丹，丹成服之，后遂仙去。

許宣平

许宣平

许宣平，新安歙县人。唐睿宗景云中，隐于城阳山南坞，结庵以居。不修服饵，颜若四十许人。时负薪卖于市，担上常挂一花瓢，携曲竹杖，每醉吟腾腾以归。吟曰："负薪朝出卖，沽酒日西归。借问家何处，穿云入翠微。"往来三十余年，或施人危急，或救人疾苦。士人多访之不得见，但见庵壁题诗曰："隐居三十载，筑室南山巅。静夜玩明月，闲朝饮碧泉。樵人歌陇上，谷鸟戏岩前。乐矣不知老，都忘甲子年。"

天宝中，李白知宣平为仙，于是游新安访之，亦不得见。乃题诗于庵壁曰："我吟传舍诗，来访仙人居。烟岭迷高迹，云林隔太虚。窥庭但萧索，倚杖空踌躇。应化辽天鹤，归当千岁余。"宣平归，见壁诗，乃自题曰："一池荷叶衣无尽，两亩黄精食有余。又被人来寻讨着，移庵不免更深居。"其庵辄为野火所烧，莫知踪迹。

后百余岁，至懿宗咸通十二年，许明恕婢入山采樵。一日，独于南山中见一人，坐石上食桃，问婢曰："汝许明恕家婢耶?"婢曰："是。"曰："我即明恕之祖宣平也。汝归，为我向明恕道我在此山中。与汝一桃，即食之，不得将出山。山神惜此桃，且虎狼甚多也。"婢食之甚美，须臾而尽，乃遣婢随樵人归。婢觉樵担甚轻，到家具言入山逢祖翁宣平。明恕怒婢呼祖讳，取杖击之。其婢随杖身起，不知所逝。后有人入山，见婢复童颜，遍身衣树皮，行疾如飞，入深林不见。

玄眞子

玄真子

张志和，字不同，唐金华人。母梦枫生腹上而生。肃宗擢明经，赐名志和，命待诏翰林。后亲丧不复仕。遨游江湖，自号烟霞钓徒，又号玄真子。垂钓不设饵，志不在鱼也。饮酒三斗不醉，守真养气，卧雪不寒，入水不濡。每酒酣，铺席水上，独坐而酌，席来去如舟，俄有云鹤旋复其上，遂跨鹤而升。

軒轅集

轩辕集

轩辕集，不知何许人。相传数百岁，颜色不老，坐暗室，目光长数丈。每采药于岩谷，则毒龙猛兽随之，若为卫护。居常人家请斋者虽百处，皆分身而至。与人饮酒，则袖出一壶，才容二升，宾客满座，倾之弥日不竭，自饮百升不醉。遇病者以布巾拂之，应手而愈。

宣宗召入，问："长生可致否?"答曰："绝声色，薄滋味，哀乐一致，德施无偏，自然与天地合德，日月齐明。况长生久视乎?"及退，上以金盆覆白鹊，令中使试之。集曰："皇帝安能更令老夫谢覆乎？盆下白鹊宜早放之。"上笑曰："先生早知矣。"命坐御榻前，令宫人侍茶汤。集貌古而布素，宫人有笑之者，元鬒发朱唇年方二八，须臾变为老妪，鬓发皤然，因涕泣不已。上令谢之，即复故步。京师素无豆蔻、荔枝花，上因语及，顷刻二花并至，枝叶如新。时坐有柑子，集曰："臣山中亦有，味更佳。"上曰："无缘得矣。"集乃取御前碧玉瓯，以宝盘覆之，俄顷撤盘，柑子几满。上食之，叹曰："美无比。"又问曰："朕得几年天子?"集取笔书四十年。但十字一起，上笑曰："朕安敢望四十年乎?"久之，辞还山，命中使送之。每见其于一布囊内探钱施人，比至江陵，已施数十万，取之不竭。未及至山，忽亡所在。不日南海奏先生已归罗浮矣。及宴驾，只四十年也。

陳希夷

陈希夷

陈抟，字图南，号扶摇子，亳州真源人。初生不能言。至四五岁，戏涡水，水滨有青衣媪引置怀中乳之，即能言。敏悟过人，及长，经史一览无遗。先生曰："向所学但足记姓名而已。吾将游泰山，与安期、黄石辈论出世法。安能与世脂韦汩没，出入生死轮回间哉？"乃尽散家业，惟携一石铛而去。

梁唐士大夫挹其清风，得识其面，如睹景星庆云，然先生皆莫与交。唐明宗亲为手诏召之。先生至，长揖不拜。明宗待之愈谨。以宫女三人赐先生，先生赋诗谢曰："雪为肌体玉为腮，多谢君王送得来。处士不兴巫峡梦，空烦云雨下阳台。"遂遁去，隐武当山九石岩，服气辟谷，凡二十余年。复移居华山，时年已七十余矣。常闭门卧，累月不起。周世宗显德中，有樵于山麓见遗骸生尘，迫而视之，乃先生也。良久起曰："睡酣，奚为扰我？"后世宗召见，赐号白云先生。一日乘驴游华阴，闻宋太祖登极，拍掌大笑曰："天下自此定矣！"太祖召，不至。再召，辞曰："九重仙诏休教丹凤衔来，一片野心已被白云留住。"太宗初年，始赴召，惟求一静室，乃赐居于建隆观。扃户熟寐，月余方起，辞去，赐号希夷先生。

一日遣门人凿石室于张超谷，既成，先生往造之曰："吾其归于此乎？"遂以左手支颐而终。七日容色不变，肢体尚温，有五色云封谷口，弥月不散。年一百一十八岁。

初兵纷时，太祖之母挑太祖、太宗于篮，以避乱。先生遇之，即吟曰："莫道当今无天子，却将天子上担挑。"又遇太祖、太宗与赵普游长安市，入酒肆，普坐太祖、太宗之右。先生曰："汝紫微垣一小星尔，辄处上次，可乎？"种放初从先生，先生曰："汝当逢明主，名驰海内。但惜天地间无完名，子名将起，必有物败之，可戒也。"放晚年竟丧清节，皆如其言。有郭沆者，少居华阴。尝宿观下，中夜先生呼令速归，且与之俱往。一二里许，有人号呼，报其母卒。先生因遗以药，使急去，可救。既至，灌其药，遂苏。华阴令王睦谓先生曰："先生居溪岩，寝止何室?"先生且笑且吟曰："华山高处是吾宫，出即凌空跨晓风。台榭不将金锁闭，来时自有白云封。"一日，有一客过访先生，适值其睡。见傍有一异人，听其息声，以黑笔记之，满纸糊涂莫辨。客怪而问之，其人曰："此先生华胥调混沌谱也。"先生尝遇毛女，毛女赠之诗，诗云："药苗不满笥，又更上危巅。回指归去路，相将入翠烟。"太宗闻先生善相人，遣诣南衙，见真宗及门，亟还。问其故，曰："厮役皆将相也，何必见王?"于是建储之议遂定。

先生以易数授穆伯长，穆授李挺之，李授邵康节。以象学授种放，放授庐江许坚，坚授范谔。至令糟粕犹存也。

雷隱翁

雷隐翁

雷隐翁，名本。少磊落不群。既长，业进士，再试即弃去。默坐终日，或诮其痴，翁笑曰：“终不以吾痴易汝黠。”一日，以术授其子，遂出游不返。宋元祐间，有朝士游罗浮山，见翁坐于树下，自吟一绝云：“往往来来三十年，更无踪迹落人间。功成行满升天去，回首山头月正圆。”

馬自然

马自然

马湘，字自然。独好经史，工文学。尝与道侣遍游方外。至湖州，醉堕霅溪，经日而出，衣不沾湿，言为项羽相召饮。指溪水，令逆流；指柳树，令随水走来去；指桥，令断复续：一切小术，无所不为。人或有疾告者，自然无药，但以竹拄杖打患处，或以杖指之，口吹杖头作雷鸣，便愈。有以财帛谢者，固让不取，强与之，辄散与贫人。登杭州秦望山，作诗曰："太一初分何处寻，空留历数变人心。九天日月移朝暮，万里山川自古今。风动水光吞远徼，雨添岚气没高林。秦皇谩作驱山计，沧海茫茫转更深。"

后归省兄，兄适出，谓嫂曰："特归与兄分此宅，我惟爱东园耳。"待兄三日不归，遽卒。明日兄归，感恸曰："弟学道多年，是归托化以绝望耳。"乃棺敛，遂窆之东园。明年，东川奏梓潼县道士马自然曰白日上升。诏杭州发其棺，只一竹杖而已。

張紫陽

张紫阳

张伯瑞，天台人。少好学，晚传混元之道而未备，孜孜访问，遍历四方。宋熙宁二年，游蜀，遇刘海蟾，授金液还丹火候之诀。乃改名用成，字平叔（按：“叔”原作“叙”，据《悟真篇》自序改），号紫阳。

尝有一僧，修戒定慧，能入定出神，数百里间顷刻即到，与紫阳雅志契合。一日，紫阳曰：“禅师今日能与远游乎？”僧曰：“可，愿同往扬州观琼花。”紫阳于是与僧处一静室，相对瞑目，趺坐出神。紫阳至时，僧已先至。绕花三匝，紫阳曰：“可折一花为记。”少顷，欠伸而觉，紫阳曰：“禅师琼花何在？”禅师袖手皆空，紫阳乃拈出琼花，与僧把玩。弟子因问紫阳曰：“同一神游，何以有有无之异？”紫阳曰：“我金丹大道，性命兼修，是故聚则成形，散则成气，所至之地，真神见形，谓之阳神。彼之所修，欲速见功，不复修命，直（按：“直”原作“真”，据序刊本改）修性宗，故所至之地，无复形影，谓之阴神，阴神不能动物也。”英宗治平中，访扶风马默处厚于河东。乃以所著《悟真篇》授处厚，曰：“平生所学尽在是矣。愿公流布此书，当有因书而会意者。”

元丰五年夏，趺坐而化，住世九十九岁。弟子用火烧化，得舍利千百，大者如芡实，色皆绀碧。识者谓曰：“此道书所谓舍利耀金姿也。”后七年，刘奉真遇紫阳于王屋出，留诗一张而去。

李鼻涕

李鼻涕

李鼻涕，宋绍圣初，刘延仲寓秀州，尝有道人过门，或从求药，则以鼻涕和垢腻为丸与之，病立效，因自号李鼻涕。延仲延之坐曰："今日适无酒为礼。"道人笑曰："床头珍珠泉一尊，何不出以待客?"刘大惭，呼童取尊。道人曰："不必取，但将空尊来。"尊至，索纸覆之，少焉香溢于外，成美酒矣，坐者皆醉。明日刘有他客，出所谓珍珠泉者，而尊中无涓滴矣。一日诣刘别，云后二十年某月某日当于真州相见。至期，刘卒于真州。

歸元子

归元子

归洞（按：“归洞”，序刊本作“尔朱洞”），字微通。少遇异人，传还元抱一之道，因自号归元子。初隐蓬山，后卖药蜀汉间，行动如飞。逆旅主人每夕怪其屋有声，因窥之，见其身自窗而升，触栋而止。或于枯骸中得物，如雀卵，持以问洞，洞曰：“繇服神丹而不能修炼，故纯阴剥落，无阳与俱，独就丹田成此耳。”

唐末，王建围成都，洞亦在城中。城久不下，建约城陷日诛夷无噍类。洞乃施席作法，笼摄建与三军，皆见神人乘黑云，叱建曰：“敢有祸吾民者，祸即及汝。”建等怖伏。后入成都，戒兵勿杀，民不改肆。

洞卖丹药，每一粒要钱十二万。时有某太守欲买之，曰：“太守金多，非一百二十万不可。”太守以为移言惑众，命纳之竹笼，沉于江中。至涪陵上流，二渔人乘舟而渔，举网出之，乃洞也。渔曰：“此必异人入定乎？”扣铜缶寤之。少顷，洞开目，问渔人曰：“此去铜梁几何？有三都乎？”渔人曰：“我白石江人，此去铜梁四百里，自是而东，即丰都县平都山仙都观也。”洞曰：“吾师谓吾遇三都白石浮水，乃仙去。殆此地耶？”洞既登岸，语二渔人曰：“视子类有道者，亦有所传乎？”二渔曰：“我昔从海上仙人，得三一之旨，炼阳修阴，亦有年矣。”洞于是索酒与共饮，取丹分饵之。至荔枝园中，三人升云而去。

白玉蟾

白玉蟾

葛长庚，宋琼州人。母以白玉蟾名之，应梦也。年十二，应童子科。后隐居于武夷山，号东琼子。事陈翠虚九年，始得其道。蓬头跣足，一衲弊甚。喜饮酒，未见其醉。博洽儒书，出言成章。尝自赞云："千古蓬头跣足，一生服气餐霞。笑指武夷山下，白云深处吾家。"雷印常佩肘间，祈禳则有异应。时言休咎，惊省聋俗。尝在京都游西湖，至暮，堕水，舟人惊寻不见。达旦则玉蟾在水上，犹醺然也。一日，有持刀追胁者，玉蟾叱其人，刀自（按："自"原作"向"，据序刊本改）堕而走。玉蟾招之曰："汝来，勿惊。"以刀还之。时称玉蟾入水不濡，逢兵不害。宋嘉定中，诏征赴阙，对玉称旨，命馆太一宫。一日不知所往。后每往来名山，神异莫测。

陳泥丸

陈泥丸

陈楠，字南木，号翠虚，博罗人。以盘栊箍桶为生。后得太乙刀圭金丹法于毗陵禅师，得景霄大雷琅书于黎姥山神人。能以符水捻土愈病，时人呼之为陈泥丸。时披发日行四五百里，鹑衣百结，尘垢满身，善食犬肉，终日烂醉。尝之苍梧，遇郡祷旱，翠虚执铁鞭下潭驱龙，须臾雷雨交作。过三山大义渡洪流，舟不敢行，翠虚浮笠而济。行钦管道中，遇群盗拉杀之，瘗三日，盗散复苏。游长沙，冲帅节，执拘送邕州狱，数夕又回长沙矣。中夜坐，或仓水银，越宿成白金。以丹法授白玉蟾。宁宗嘉定间，于漳入水而解去。

莫月鼎

莫月鼎

莫月鼎，讳洞一，字起炎，湖州人。生而秀朗，肌肤如玉雪，双目有光射人。入青城山丈人观，见徐无极，受五雷之法。于是月鼎自名雷师，驱使鬼魅，动与天合。时嬉笑怒骂，皆若有神物从之者。

元世祖召见。时天色爽霁，帝曰："可闻雷否?"月鼎曰："可。"即取胡桃掷地，雷应声而发，元主为之改容。复命请雨，立至。元主大悦，赐以金缯，月鼎碎截之，以济寒窭者。性爱酒，无日不醉，醉辄白眼望天，阴飚翛翛，起衣袖间。尝与客饮西湖舟中，当赤日如火，客请借片云覆之。月鼎笑拾果壳浮觞，而顷之云自湖滨起，翳于日下。蕃釐观道士中秋方会饮，有云蔽月，久不解。月鼎时遇观中道士，知其所为，急请赴筵。月鼎以手指之，云散如洗。卖饼师积饼于筐，时被精怪窃去。月鼎召雷轰云中，斩猢狲首于市。一人娶妇，半路为白猿精所摄，至门但空车焉。月鼎禹步，如有指麾状，狂风忽作，飘妇还舍。妇云："适在北高峰，何以忽然至此?"

七十三岁，一日属其徒王继华曰："明年正月十三日，将化于汝家。"及期，风云雷雨电交作。索笔作偈，书毕，泊然而逝，颜面如丹。

馬鈺

马钰

马钰，宁海人，孙仙姑其妻也，号丹阳子。母初孕时，梦麻姑赐丹一粒，吞之觉而分瑞，时金太宗天会五年也。儿时常诵乘云驾鹤之诗，李无梦见而奇之，曰："额有三山，手垂过膝，真大仙之材。"孙君以女妻之，生三子。

尝题诗云："抱元守一是工夫，懒汉如今一也无。终日衔杯畅神思，醉中却有那人扶。"众皆不晓其意。一日，王重阳祖师自终南来访之，云："宿有仙契，既食瓜，从蒂食起。"钰问其故。曰："甘向苦中来。"又问从何方来。曰："不远千里，特来扶醉人。"钰默念与前所作诗合，异之，遂师事焉。重阳欲挽西游，钰未能辄弃家业。重阳多方点化，钰念始决，遂以赀产付三子，从居昆仑之烟霞洞。孙仙姑在家结庵，修炼二十余年。一日，钰谓门人曰："今日当有非之喜。"辄歌舞自娱。俄闻空中乐声，仰见仙姑乘云而过，仙童玉女旌节仪仗拥导前后，俯而告钰曰："先归蓬岛待君也。"于是夜坐谈，将二鼓，风雷大雨震动，逐东首枕肱而逝。是夜，钰扣酒监郭复中门，索笔书颂云："长年六十一，在世无人识。烈雷吼一声，浩浩随风逸。"少顷，人云师已逝矣，方悟所见者皆其阳神也。

魏伯陽

魏伯阳

魏伯阳，吴人。性好道术，不乐仕宦。乃入山作神丹，时三弟子，知两弟子心不尽诚，丹成，试之曰：“金丹虽成，当先试之犬，犬无患方可服。若犬死，不可服也。”伯阳即以丹与犬食之，犬即死。伯阳曰：“作丹未成，无乃未得神明意耶？服之恐复如犬，奈何？”弟子曰：“先生服之否？”伯阳曰：“吾背违世路，委家于此，不得仙，吾亦耻归。死与生同，吾当服之。”伯阳服丹，入口即死。一弟子曰：“师非凡人也。服丹而死，得无有意乎？”亦服之，入口亦死。二弟子乃相谓曰：“作丹求长生尔，今服丹即死，不如不服。”乃共出山，为伯阳及死弟子求殡具。伯阳即起，将炼成妙丹纳死弟子及犬口中，须臾皆活。于是将服丹弟子姓虞者同犬仙去，逢入山伐薪人，作手书寄谢二弟子。尝作《参同契》凡二卷，其说似解《周易》，其实假借爻象，以寓作丹之旨。

卷四

长生诠

还初道人自诚氏辑

清净经

夫人神好清而心扰之，人心好静而欲牵之。常能遣其欲而心自静，澄其心而神自清。

内观其心，心无其心；外观其形，形无其形；远观其物，物无其物。三者既悟，唯见于空。观空亦空，空无所空。所空既无，无无亦无。无无亦无，湛然常寂。

阴符经

心生于物，死于物，机在目。

生者死之根，死者生之根。恩生于害，害生于恩。

洞古经

有动之动，出于不动；有为之为，出于无为。无为则神归，神归则万物云寂；不动则气泯，气泯则万物无生。

忘于目则光溢无极，泯于耳则心识常渊。两机俱忘，众妙之门。

养其无象，象故常存。守其无体，体故全真。全真相济，可以长生。天得其真故长，地得其真故久，人得其真故寿。

大通经

静为之性，心在其中矣；动为之心，性在其中矣。心生性灭，心灭性现。如空无象，湛然圆满。

大道无相，故内不摄于有；真性无为，故外不生其心。如如自然，广无边际。

对境忘境，不沉于六贼之魔；居尘出尘，不落于万缘之化。

定观经

唯灭动心，不灭照心。但凝空心，不凝住心。

有事无事，常若无心。处静处喧，其志唯一。制而不着，放而不动。处喧无恶，涉事无恼者，此是真定。

不以涉事无恼，故求多事；不以处喧无恶，强来就喧。以无事为真宅，有为为应迹。若水镜之为鉴，则随物而现形。

胎息经

胎从伏气中结，气从有胎中息。气入身来为之生，神去离形为之死。知神气可以长生，固守虚无以养神气。神行即气行，神住即气住。若欲长生，神气相注。

胎息铭

三十六咽，一咽为先。吐唯细细，纳唯绵绵。坐卧亦尔，行立坦然。戒于喧杂，忌以腥膻。假名胎息，实曰内丹。非止治病，决定延年。久久行之，名列（按："列"原作"例"，据序刊本改）上仙。

太上日用经

日用饮食，禁口端坐。莫起一念，万虑俱忘。存神定意，眼不视物，耳不听声，一心内守。调息绵绵，渐渐呼出，莫教间（按："间"原作"问"，据序刊本改）断，似有若无。自然心火下降，肾水上升，口里津生，灵真附体，得至长生。

十二时中，常要清净。神是气之子，气是神之母。如鸡抱卵，存神养气，能无离乎？

心印经

上药三品，神与气精。恍恍惚惚，杳杳冥冥。存无守有，顷刻而成。回风混合，百日功灵。默朝上帝，一纪飞升。

水火真经

欲从心起，息从心定。心息相依，息调心静。

文始经

心感物，不生心生情；物交心，不生物生识。物尚非真，何况于识。识尚非真，何况于情。

目视雕琢者，明愈伤；耳闻交响者，聪愈伤；心思皆妙者，心愈伤。

以神存气，以气存形，所以延形。合形于神，合气于气，所以隐形。

吸气以养其和，孰能饥之？存神以滋其暖，孰能寒之？

洞灵经

导筋骨则形全，剪情欲则神全，靖言语则福全。保此三全，是谓圣贤。

玉枢经

道者以诚而入，以默而守，以柔而用。用诚似愚，用默似讷，用柔似拙。

入道者知止，守道者知谨，用道者知微。能知微则慧光生，能知谨则圣知全，能知止则泰安定。

冲虚经

务外游不如务内观。外游者求备于物，内观者取足于身。

至游者不知所适，至观者不知所视。

神遇为梦，形接为事。昼想夜梦，神形所交。故神凝者，想梦自消。

南华经

山木自寇也，膏火自煎也。桂可食，故伐之；漆可用，故割之。人皆知有用之用，而莫知无用之用也。

至道之精，窈窈冥冥；至道之极，昏昏默默。

无劳女形，无摇女精，乃可长生。目无所见，耳无所闻，心无所知，女神将守形，形乃长生。

三茅真经

谷虚应声，心虚应神，神虚应气，气虚应精。虚极则明，明极则莹，超乎精神，而无死生。

精从内守，气自外生，以气取精，可以长生。

卫生经

精气神为内三宝，耳目口为外三宝。当使内三宝不逐物而流，外三宝不诱中而扰。

洞神真经

宠辱不惊，肝木自宁。动静以敬，心火自定。饮食有节，脾土不泄。调息寡言，肝金自全。恬静无欲，肾水自足。

元道真经

草木根生，去土则死。鱼鳖沉生，去水则死。人以形生，去气则死。是故圣人知气之所在，以为身宝。

汉天师语

虚无大道，清净希夷。不染曰清，不动曰净，不视曰希，不听曰夷。勤此四者，可免轮回。

纯阳真人

一日清闲一日仙，六神和合自安然。丹田有宝休寻道，对境无心莫问禅。

养气忘言守，降心为不为。动静知宗祖，无事更寻谁。真常须应物，应物要不迷。不迷性自住，性住气自回。气回丹自结，壶中配坎离。阴阳生返复，普化一声雷。白云朝顶上，甘露洒须弥。自饮长生酒，逍遥谁得知。坐听无弦曲，明通造化机。都来二十句，端的上天梯。

虚静天师

不怕念起，惟恐觉迟。念起是病，不续是药。

有定主，无常应。心欲死，机欲活。

大道不远在身中，万物皆空性不空。性若不空和气住，气归元海寿无穷。

欲得身中神不出，莫向灵台留一物。物在心中神不清，耗散真精损筋骨。

元神一出便收来，神返身中气自回。如此朝朝并暮暮，自然赤子产真胎。

李真人

一吸便提，气气归脐。一提便咽，水火相见。

三茅真君

灵台湛湛似冰（按："冰"原作"水"，据序刊本改）壶，只许元神在里居。若向此中留一物，岂能证道合清虚。

寒山子

冬则朝勿饥，夏则夜勿饱。早起不在鸡鸣前，晚起不过日出后。心内澄，则真人守其位；气内定，则邪秽去其身。

玉虚子

物物元无物，心非形亦非。三般观晓悟，悟者不知谁。

无无藏妙有，有有现真空。湛然俱不立，常寂性融融。

中黄真人

天门常开，地户须闭。息息绵绵，勿令暂废。吸至于根，呼至于蒂。子谓之神，母谓之气。如鸡抱卵，似鱼在水。结就圣胎，自然蝉蜕。

马丹阳

道性虽无修无证，尘心要日损日消。消到忘心忘性，方契无修无证。

炼气作生涯，怡神为日用。常教龙虎调，不使马猿弄。

性定则情忘，形虚则气运。心死则神活，阳盛则阴衰。

修心要作长生客，炼性当为活死人。

玄关秘论

心牵于事，火动于中。心火既动，真精必摇。故当死心以养气，息机以死心。

无心于事，则无事于心。故心静生慧，心动生昏。

郝太古

境杀心则凡，心杀境则仙。

静处炼气，闹处炼神。

王栖云

心随境转，境逐心生。若要心定，世人爱的我不爱，世人做的我不做。红尘万缘，勾引不动。自然心清意静，阴阳不能陶铸。

遣欲澄心亦是心，将心擒欲欲应深。争如不起群迷念，方现无中百炼金。

白玉蟾

大道以无心为体，忘言为用，柔弱为本，清净为基。

薄滋味以养气，去嗔怒以养性，处卑下以养德，守清净以养道。

真火本无候，大药不计斤。盖神既火气即药，以火炼药而成丹，即以神驭气而成道也。使神驭气，使气归神，不过回光返照，收拾念头之一法耳。

夫金丹者，采二八两之药，结三百日之胎。心上工夫，不在吞津咽气；先天造化，要须聚气凝神。若要行持，须凭口诀。至简至易，非繁非难。无中养就婴儿，阴内炼成阳气。使金公生擒活虎，令姹女独驾赤龙。乾夫坤妇而媒假黄婆，离女坎男而结成赤子。一炉火焰炼虚空，化作微尘；万顷冰壶照世界，大如黍米。神归四大，即龟蛇交合之时；气入四肢，是乌兔郁罗之处。玉葫芦迸出黄金之液，金菡萏开成白玉之花。正当风冷月明时，谁会山青水绿意?

快活快活真快活，虚空粉碎秋毫末。轮回生死几千遭，这回大死今方活。旧时窠臼泼生涯，于今净尽都掉脱。元来爹爹只是爷，懵懵懂懂自瓜葛。近来仿佛辨西东，七七依前四十八。如龙养珠心不忘，如鸡抱卵气不绝。又似寒蝉吸晓风，又似老蚌含秋月。一个闲人天地间，大笑一声天地阔。

我有明珠光烁烁，照破三千大千国。观音菩萨正定心，释迦如来大圆觉。或如春色媚山河，或似秋光爽岩壑。亦名九转大还丹，又谓长生不死药。墙壁瓦砾相浑融，水鸟树林共寥廓。缺唇石女驾土牛，跛脚木人骑纸鹤。三业三毒云去来，六根六尘月绰约。此珠价大实难酬，不许巧锥妄穿凿。若要秘密大总持，寂灭之中闲摸索。几多衲子听蛰雷，几个道人藏尺蠖。茫茫尽向珠外求，不识先天那一着。那一着，何须重注脚?杜宇声随晓雨啼，海棠夜听东风落。

乌兔乾坤鼎，龟蛇复姤坛。世间无事客，心内大还丹。白虎水中吼，青龙火里蟠。汞铅泥蕊艳，金木雪花寒。离坎非心肾，东西不肺肝。三旬穷七返，九转出泥丸。

司马真人

夫欲修真，先除邪行。外事都绝，无以于心。然后内观正觉，觉一念起，即须除灭。随起随灭，务令安静。虽非的有贪着，浮游乱想，亦尽灭除。昼夜勤行，须臾不替。唯灭动心，不灭照心。但冥虚心，不冥有心。不依一法，而心常住。此法玄妙，利益甚深。

常默元气不伤，少思慧烛内光。不怒百神和畅，不恼心地清凉。不求无谄无骄，不执可圆可方。不贪便是富贵，不苟何惧君王。味绝灵泉自降，气定真息自长。触则形毙神游，想则梦离尸僵。气漏形归后土，念漏神趋死乡。心死方得神活，魄灭然后魂强。转物难穷妙理，应化不离真常。至精潜于恍惚，大象混于渺茫。造化不知规准，鬼神莫测行藏。不饮不食不寐，是谓真人坐忘。

孙真人

天地之间人为贵，头象天兮足象地。父母遗体能宝之，洪范九畴寿为最。卫生切要知三戒，大怒大欲并大醉。三者若还有一焉，须防损失真元气。

欲求长生须戒性，火不出兮心自定。木还去火不成灰，人能戒性还延命。贪欲无穷忘却精，用心不已失元神。劳形散尽中和气，更仗何因保此身。

怒甚偏伤气，思多太损神。神疲心易役，气弱病相萦。勿使悲欢极，常令酒食均。再三防夜醉，第一戒晨嗔。亥寝鸣云鼓，寅晨漱玉津。妖邪难犯己，精气自全真。若要无诸病，常常节五辛。安神宜悦乐，惜气保和纯。寿夭休论命，修持本在人。君能尊此理，平地可朝真。

文逸曹仙姑

神是性兮炁是命，神不外驰气自定。本来二物互相亲，失却将何为本柄。

重阳祖师

弃了惺惺学得痴，到无为处无不为。眼前世事只如此，耳畔风雷迥不知。两脚任从行处去，一灵常与气相随。有时四大薰薰醉，借问青天我是谁。

理性如调琴，紧则有断，慢则不应，紧慢得中，则琴和矣。又如铸剑，钢多则折，锡多则卷，钢锡得中，则剑成矣。

欲界色界无色界，此三界也。心忘念虑即超欲界，心忘缘境即超色界，心不着空即超无色界。离此三界，神居仙圣之乡，性在清虚之境矣。

李靖庵

心归虚寂，身入无为。动静两忘，内外合一。到这里精自然化气，气自然化神，神自然还虚。

无心真人

心田清静，性地和平。端念正身，不离当处。神归气复，性定精凝。魂魄混融，阴阳交媾。丹田有宝，对境无心。一气归根，万神朝祖。沉沉默默，捧捧存存，兀兀腾腾，绵绵相续。方是修行底活计，辨道底家风。

石杏林

万物生皆死，元神死复生。以神足气内，丹道自然成。

心天无点翳，性地绝尘飞。夜静月明处，一声春鸟啼。

施肩吾

气本延年药，心为使气神。能知行气主，便可作真人。

张紫阳

含眼光，凝耳韵，调鼻息，缄舌气，是谓和合四象。眼不视而魂在肝，耳不听而精在肾，舌不声而神在心，鼻不香而魄在肺，四肢不动而意在脾，是谓五气朝元。精化为气，气化为神，神化为虚，是谓三化聚顶。

虚无生白雪，寂静发黄芽。玉炉火温温，鼎上飞紫霞。

华池莲花开，神水金波净。夜深月正明，天地一轮镜。

龙从东海来，虎向西山起。两兽战一场，化作天地髓。

大道元来一也无，若能守一我神居。此心莹若潭心月，不滞丝毫真自如。

水火从来一处居，看时觉有觅时无。细心调燮文兼武，片饷教君结玉酥。

心者神之舍，目者神之牖。目之所至，心亦至焉。故内炼之法，以目视鼻，以鼻对脐，降心火入于气海，功夫只在片饷而已。

海上道人

但向起时作，还于作处收。蛟龙莫放睡，雷雨直须休。要会无穷火，常观未（按：“未”原作“禾”，据序刊本改）尽油。夜深人散后，唯有一灯留。

朱紫阳

静极而嘘，如春沼鱼；动极而吸，如百虫蛰。春鱼得气而动，其动极微；寒虫含气而蛰，其蛰无朕。调息者须似之，绵绵密密、幽幽微微，呼则百骸万窍气随以出，吸则百骸万窍气随以入。调之不废，真气从生。药物之老嫩浮沉，火候之文武进退，皆于真气中求之。呜呼尽矣！

谭景升

悲则两泪，辛则两涕，愤则结瘿，怒则结疽。心之所欲，气之所属，无所不育。邪苟为此，正必为彼。是以大人节悲辛，诫愤怒。得灏气之门，所以收其根；知元神之囊，所以韬其光。若蚌内守，若石内藏，所以为珠玉之房。

忘形以养气，忘气以养神，忘神以养虚。只此忘之一字，便是无物景界。六祖云："本来无一物，何处惹尘埃。"其谓是欤！

魏伯阳

耳乃精窍，目乃神窍，口乃气窍。若耳逐于声，便精从声耗而不固；目荡于色，便神从色散而不凝；口多言语，便气从言走而不聚。安得打成一片以为丹塞？修行之人，若不于此三宝关键，收拾向里，无有是处。

今人精从下流，炁从上散，水火相背，不得凝结，皆是此心使然。心苟爱念不生，此精必不下流；心苟忿念不生，此炁必不上炎。一念不生，万虑澄彻，则水火自然交媾矣。

陈虚白

混沌生前混沌圆，个中消息不容传。擘（按："擘"原作"璧"，据序刊本改）开窍内窍中窍，踏破天中天外天。斗柄逆旋方有象，台光返照始成仙。一朝捞得潭心月，觑破胡僧面壁禅。

夫神与气精，三品上药。炼精成气，炼气化神，炼神合道，此七返九还之妙药也。然产药有川源，采药有时节，制药有法度，入药有造化，炼药有火功。西南有乡，土名黄庭，恍惚有物，杳冥有精，分明一味水中金，但向华池仔细寻，此产药之川源也。垂帘塞兑，窒欲调息，离形去智，几于坐忘，劝君终日默如愚，炼成一颗如意珠，此采药之时节也。天地之先，无根灵草，一意制度，产成至宝，大道不离方寸地，功夫细密要行持，此制药之法度也。心中无心，念中无念，注意规中，一炁还祖，息息绵绵无间断，行行坐坐转分明，此入药之造化也。清净药材，密意为先，十二时中，炁炼火煎，金鼎常教汤用暖，玉炉不使火少寒，此炼药之火功也。

采时为之药，药中有火焉；炼时为之火，火中有药焉。能知药而收火，则定里自丹成。古诗云："药物阳内阴，火候阴内阳。会得阴阳理，火药一处详。"此其义也。必以神驭气，以气定息，呼吸出入，任其自然。专炁致柔，含光默默，行住坐卧，绵绵若存。如妇人之怀孕，如小龙之养珠，渐采渐炼，渐凝渐结。工夫纯粹，打成一片，动静之间，更宜消息。念不可起，起则火炎；意不可散，散则火冷。但使操舍得中，神炁相抱，斯谓之火种相续，丹鼎相温。炼之一刻，一刻之周天也。炼之一日，一日之周天也。无子午卯酉之法，无晦朔弦望之期。圣人传药不传火之旨，尽于此矣。

丘长春

青天莫起浮云障，云起青天遮万象。万象森罗镇百邪，光明不显邪魔旺。我初开廓天地清，万户千门歌太平。有时一片黑云起，九窍百骸俱不宁。是以长教慧风烈，三界十方飘荡彻。云散虚空体自真，自然现出家家月。月下方堪把笛吹，一声响亮振华夷。惊起东方玉童子，倒骑白鹿如星驰。纵横自在无拘束，心不贪荣身不辱。闲唱壶中白雪歌，静调世外阳春曲。我家此曲皆自然，管无孔兮琴无弦。得来惊觉浮生梦，昼夜清音满洞天。

炁无升降，息定谓之真铅；念无生灭，神凝谓之真汞。息有一毫之不定，形非我有，散而归阴，非真铅也；念有一毫之不澄，神不纯阳，散入鬼趣，非真汞也。

翠玄真人

炼气徒施力，存神枉用功。岂知丹诀妙，镇日玩真空。

玉液滋神室，金胎结气枢。只寻身内药，不用检丹书。
火枣元无核，交梨岂有查。终朝行火候，神水灌金花。
神气归根处，身心复命时。这般真孔窍，料得少人知。
万籁风初起，千山月正圆。急须行正令，便可运周天。
云散海棠月，春深杨柳风。阿谁知此意，举目问虚空。

紫霞山人

丹即筌蹄道即鱼，忘筌得道证空虚。莫坚守抱无为一，扑碎虚空一也无。妙有灵光常赫赫，含容（按："容"原作"含"，据序刊本改）法界自如如。随缘应感常清净，九载金刚不坏躯。

抱一子

耳不听则坎水内澄，目不视则离火内营，口不言则兑金不鸣。三者既闭，则真人游戏于其中。

陈泥丸

修仙有三（按："三"原作"二"，据序刊本改）等，炼丹有三成。上品丹法，以身为铅，以心为汞，以定为水，以慧为火，在片饷之间，可以凝结成胎。中品丹法，以气为铅，以神为汞，以午为火，以子为水，在百日之间，可以混合成象。下品丹法，以精为铅，以血为汞，以肾为水，以心为火，在一年之间，可以融结成功。

李道纯

真铅真汞大丹头，采取当平罔所求（按：此句序刊本作"采取当于罔象求"）。有作有为终有累，无求无执便无忧。常清常净心珠现，忘物忘机命宝周。动静两途无窒碍，不离常处是瀛洲。

三元大药意心身，着意心身便系尘。调息要调真息息，炼神须炼不神神。顿忘物我三花聚，猛弃机缘五气臻。八达四通无挂碍，随时随处阐全真。

性天大察长根尘，理路多通增业识。聪明智惠不如愚，雄辩高谭争似默。绝虑忘机无是非，隐耀含华远声色。一念融通万虑澄，三心剔透诸缘息。谛观三教圣人书，息之一字最简直。能于息上做工夫，为佛为仙不劳力。息缘返照禅之机，息心明理儒之极，息气凝神道之玄，三息相须无不克。

天来子

欲捞北海波心月，先缚南山岭上云。若也有人知此意，便堪飞舄见元君。

半轮月照西江上，一个乌飞北海头。月落乌飞寻不见，广寒宫内倒骑牛。

玄牝之门镇日开，中间一窍混灵台。无关无锁无人守，日月东西自往来。

采药要明天上月，修行须识水中金。月无庚气金无水，纵有真铅枉用心。

无梦子

身为车兮心为轼，车动轼随无计息。交梨火枣是谁无，自是不除荆与棘。

身为客兮心为主，主人平和客安处。若还主客不安宁，精神管是辞君去。

龙眉子

溟涬无光太极先，风轮激动产真铅。都因静极还生动，便自无涯作有边。一气本从虚里兆，两仪须信定中旋。生生化化无穷尽，幻作壶中一洞天。

紫虚了真子

乾坤橐籥鼓有数，离坎刀圭采有时。铅龙升兮汞虎降，龟蛇上下两相持。天上日头地下转，海底蝉娟天上飞。乾坤日月本不运，皆因斗柄转其机。人心若与天心合，颠倒阴阳只片时。虎龙战罢三田静，拾取玄珠种在泥。黄婆媒合入中宫，婴儿姹女相追随。年中用日日用时，刻里工夫妙更奇。暗合斗牛共欢会，天机深远少人知。

莹蟾子

抱元守一通玄窍，惟精惟一明圣教。太玄真一复命关，是知一乃真常道。休言得一万事毕，得一持一保勿失。一彻万融天理明，万法归一非奇特。始者一无生万有，无有相资可长久。诚能万有归一无，方会面南观北斗。至此得一复忘一，可与造化同出殁。设若执一不能忘，大似痴猫守空窟。三五混一一返虚，返虚之后虚亦无。无无既无湛然寂，西天胡子没髭须。今人以无唤作茫，然荡顽空涉畏途。今人以一唤作一，偏枯苦执空费力。不无之无若能会，便于守一知无一。一无两字尽掀翻，无一先生大事毕。

日用总玄玄，时人识未全。常推心上好，放却口（按：“口”原作“日”，据序刊本改）头禅。法法非空法，传传是妄传。不曾修福始，焉得有祸先。不益便无损，不变岂能迁。莫看嗔和喜，何愁迍与邅。不作善因果，那得恶姻缘。打开人我网，跳出是非圈。休思今世后，放下未生前。既无尘俗累，何忧业火煎。有无俱不立，虚实任相连。来去浑忘却，生死何预焉。饥来一碗饭，渴则半瓯泉。兴来自消遣，困去且打眠。达者明此义，休寻天外天。见前赤洒洒，末后亮娟娟。

导引法

闭目冥心坐，握固静思神。叩齿三十六，两手抱昆仑。左右鸣天鼓，二十四度闻。微摆撼天拄，赤龙搅水津。漱津三十六，神水满口匀。一口分三咽，龙行虎自奔。闭气搓手热，背摩后精门。尽此一口气，想火烧脐轮。左右辘轳转，两脚放舒伸。叉手双虚托，低头扳足频。以候逆水上，再漱再吞津。如此三度毕，神水九次吞。咽下汩汩响，百（按：“百”原作“自”，据序刊本改）脉自调匀。河车搬运讫，发火遍烧身。邪魔不敢近，梦寐不能昏。寒暑不能入，灾病不能迍。子午午前作，造化合乾坤。连环次第转，八卦是良因。

卷五

釋迦牟尼佛

释迦牟尼佛

佛姓刹利。初生时，放大智光明，照十方世界。地涌金莲华，自然捧双足。分手指天地，作狮子吼声。即周昭王二十四年四月八日也。年十九出家，于檀特山中修道。至穆王三年明星出时成佛，号天人师，时年三十矣。既而于鹿野苑中转四谛法（按：“四谛法”原缺，据序刊本补）轮而论道。说法住世四十九年，后以清净正法（按：“净正法”原缺，据序刊本补）付弟子摩诃迦叶，授以偈言云：“法本法无法，无法法亦法。今付无法时，法法何曾法。”尔时至拘尸那城娑罗双树下，右胁累足，泊然宴寂。时穆王五十二年二月十五日。

摩訶迦葉尊者

摩诃迦叶尊者

尊者姓婆罗门。尝为锻银师，善明金性，使其柔伏。先是，四众为毗婆尸佛起塔，塔中像面金色缺坏。时有贫女，将金珠往金师所，为饰佛面。因共发愿：愿我二人为无姻夫妻。由是因缘，九十一劫，身皆金色。后生中天摩竭陀国婆罗门家，名曰迦叶波，此云饮光胜尊，盖以金色为号也。繇是志求出家，冀度诸有。受清净法眼于世尊。尝结集于耆阇崛山宾钵罗国，因阿那比丘多闻总持，有大智慧，乃以偈授之："法法本来法，无法无非法。何于一法中，有法有不法。"说偈已，乃持僧伽梨衣入鸡足山，俟慈氏下生。时周孝王五年。

師子比丘尊者

师子比丘尊者

尊者姓婆罗门。得法，游方至罽宾国，有波利迦者，本习禅定，来谒尊者。尊者曰："仁者习定，胡当来此？既至于此，胡云习定？"曰："我虽来此，心亦不乱。定随人习，岂在处所？"尊者曰："仁者既来，其习亦至。既无处所，岂在人习？"曰："定习人故，非人习定。我虽来此，其定常习。"尊者曰："人非习定，定习人故。当自来时，其定谁习？"波迦利闻言屈服。

尊者方求法嗣，有长者引一子来，问曰："此子名斯多，当生便拳左手，迄长未舒，愿尊者示其宿因。"尊者即以手接曰："可还我珠。"童子遽开手奉珠，众皆惊异。长者遂舍其子出家，尊者即与受具，且示偈云："正说知见时，知见俱是心。当心即知见，知见即在今。"说偈毕，乃以僧伽梨衣密付斯多。宴然而寂，时魏齐王二十七年（按："二十七年"，《五灯会元》等作"二十年"）。

優波毱多尊者

优波毱多尊者

尊者姓首陀。十七出家，二十证果。随方行化至摩突罗国，度者甚众。由是摩宫震动，波旬恐怖，遂竭其魔力，以害正法。一日，伺尊者入定，密持璎络縻之于颈。及尊者出定，乃取人狗蛇三尸化为花鬘，软言慰谕波旬曰："汝与我璎络，吾以花鬘相酬。"波旬大喜，引颈受之，即变为三种臭尸，虫蛆秽烂。波旬大生忧恼，竭己神力，不能解脱，乃哀露忏悔，誓不娆害佛道。尊者乃曰："若然，汝可口自唱言，归依三宝。"魔王合掌三唱，花鬘悉除，乃踊跃作礼而去。

尊者在世，化导最多，每度一人，以一筹置于石室，其室尽皆充满。最后有一长者子，名曰香众，来礼尊者，志求出家。尊者曰："汝身出家，心出家？"答曰："我来出家，非为身心。"尊者喜，即以偈授之云："心自本来心，本心非有法。有法有本心，非心非本法。"说已，乃踊身虚空，呈十八变，然后跏趺而逝。时平王三十一年。

婆須密尊者

婆须密尊者

尊者姓颇罗堕。常服净衣，执酒器，游行里闬，或行或啸，人谓之狂。及遇弥遮迦尊者，宣如来往志，遂投器出家，授法。行化至迦摩罗国，遇一智者，自称："我名佛佗难提，今与师论义。"师曰："仁者论即不义，义即不论。若拟论义，终非义论。"难提钦伏，即曰："我愿求道，沾甘露味。"师遂授以如来正法，乃说偈曰："心同虚空界，示等虚空法。证得虚空时，无是非无法。"说已，即入慈心三昧，示涅槃相。时定王十九年。

佛陀難提尊者

佛陀难提尊者

尊者姓瞿昙氏。顶有肉髻，辩捷无碍。行化至提伽国城毗舍罗家，遇一长者，出致礼，问何所须。尊者曰：“我求侍者。”曰：“我有一子，名伏驼蜜多，年已五十，口未能言，足未能履。”尊者曰：“此子昔曾遇佛，悲愿广大，虑父母爱情难舍，故不言不履耳。”其子闻言，遽起礼拜。长者乃令受戒出家。师因以如来正法，嘱令行持，且授偈云：“虚空无内外，心法亦如此。若了虚空故，是达真如理。”说已，即现神变，却复本坐，俨然宴寂。即景王十二年。

伏䭾蜜多尊者

伏驮蜜多尊者

尊者姓毗舍罗。既受佛陀难提付嘱，遂至中印度行化。时有长者香盖，携一子来，礼尊者曰：“此子处胎六十年，因号难生。曾会一仙者，谓此儿当为法器。今遇尊者，欲令出家。”尊者即与落发受戒。羯磨之际，祥光满座，仍感舍利三五粒现前。自此精进忘疲，师乃付以如来正法眼藏，且授偈曰：“真理本无名，因名显真理。受得真实法，无真亦无伪。”付法毕，即入灭尽三昧。众以香油旃檀阇维真体，收舍利，建塔于那烂陀寺。即敬王三十五年也。

般若多羅尊者

般若多罗尊者

尊者东印度人。既得法，行化至南印度。彼国王崇奉佛乘，施以无价宝珠。时王有三子，尊者欲试其所得，乃以施珠问曰："此珠圆明，有能及否?"其长子、二子皆曰："此珠七宝中尊，固无逾也。"独第三子菩提多罗曰："此是世宝，未足为上；于诸宝中，法宝为上。此是世光，未足为上；于诸光中，智光为上。若明是宝，宝不自宝；若辩是珠，珠不自珠。"尊者叹其辩慧，乃复问曰："于诸物中，何物无相?"曰："于诸物中，不起无相。"尊者知是法嗣，乃以如来正法眼嘱付，且示一偈云："心地生诸种，因事复生理。果满菩提圆，华开世界起。"付法已，即于座上舒左右手，各放光明二十七道，化火自焚，空中舍利如雨。时宋孝武帝大明元年也。

馬鳴尊者

马鸣尊者

尊者既受法于夜奢尊者，即至华氏国转妙法轮。忽有老人仆地不见，俄从地涌出一金色人，复又化为女子而去。师曰：“将有魔来，与吾校力。”有顷，风雨暴至，天地晦冥。空中忽现一大金龙，奋发威神，震动山岳。师俨然于坐，魔事随灭。经七日，有一小虫潜形坐下，师以手取之，示众曰：“此乃魔之所变，盗听吾法耳。”乃放之令去，且告之曰：“汝皈依三宝，即得神通。”魔遂复本形，作礼忏悔。师曰：“汝名谁耶？有何神力？”答曰：“我名迦毗摩罗，能化巨海。”师曰：“汝能性海否？”曰：“何谓性海？”师曰：“山河大地，三昧六神，皆由兹发现。”迦毗摩罗闻言悟心，遂求剃度。师乃以如来正法付之，且示偈云：“隐显即本法，明暗元无二。今付悟了法，非取亦非离。”偈已，即挺身空中，如日轮相，然后示灭。即显王三十七年。

迦毗摩羅尊者

迦毗摩罗尊者

尊者初为外道，有徒三千。后于马鸣尊者得法。领徒至西印度，彼有太子名云自在，仰尊者名，请曰：“今我国城之北，有大山焉，山中有一石室，师可禅寂于此否？”尊者曰：“诺。”即入彼山。行数里，逢一大蟒，盘绕师身。师因与受三皈依，蟒听讫而去。将至石室，遇一老人合掌问讯，因告曰：“我昔为比丘，因自起嗔恨，堕为蟒身，住是窟中，今已千载。适闻尊者法戒，故来谢耳。”尊者问曰：“此山更有何人栖止？”曰：“北去十里有大树，荫覆五百龙众。其树王名曰龙树，尝为龙众说法。”尊者遂与徒众诣彼。龙树见尊者，默念曰：“此师得决定性明道眼否？是大圣继真乘否？”师曰：“汝虽心语，吾已意知。但办出家，何忧不圣？”龙树悔谢，与五百龙众俱受戒焉。尊者因授以偈云：“非隐非显法，说是真实际。悟此隐显法，非愚亦非智。”付法已，即现神变，化火焚身。时赧王四十一年。

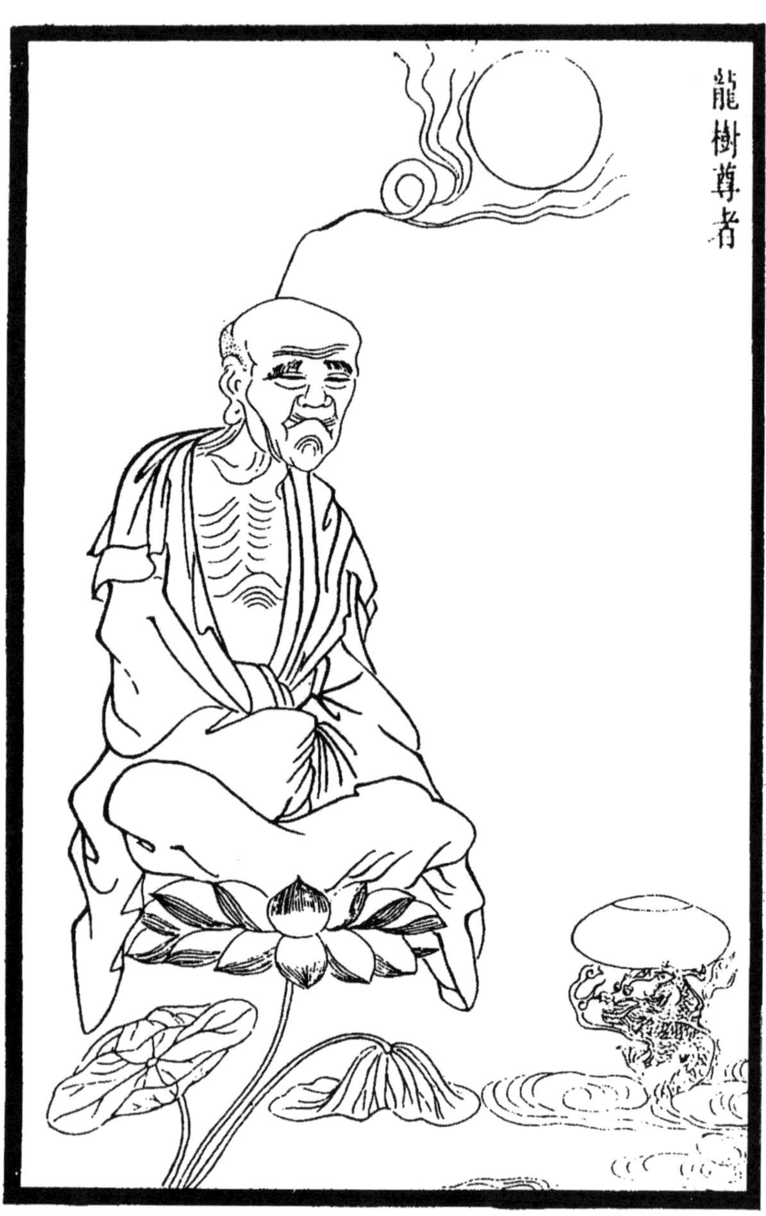
龍樹尊者

龙树尊者

尊者受法于毗罗尊者，后至南印度。彼国之人多信福业，闻尊者说法，私相谓曰：“人有福业，世间第一。徒言佛性，谁能见之?”尊者乃于地上涌出白莲座，现自在身，如满月轮。一切众唯闻法音，不睹法相。唯众中有一长者子名迦那提婆，谓众曰：“识此相否?”众曰：“目所未睹，安能辨识?”提婆曰：“此是尊者现佛性体相，以示我等。盖以无相三昧，形如满月，佛性之义，廓然虚明。”言讫，轮相即隐。彼众感悟，咸愿出家，以求解脱。尊者即为剃发授戒。最后乃告弟子迦那提婆曰：“如来大法，今当付汝。听吾偈言：为明隐显法，方说解脱理。于法心不证，无嗔亦无喜。”付法已，即入月轮三昧，凝然圆寂。时始皇三十五年也。

羅睺羅多尊者

罗睺罗多尊者

尊者授法于迦那提婆尊者。行化至室罗筏城，有河名曰金水，中流忽见五佛影。尊者告众曰："此河之源，凡五百里，有圣僧伽难提居于彼（按："彼"原作"波"，据《五灯会元》等改）处。"语已，即领众泝流而上。至彼，见僧伽难提安坐入定，尊者与众伺之。经三七日，方从定起。尊者问曰："汝身定耶？心定耶？"曰："身心俱定。"尊者曰："身心俱定，何有出入？"曰："虽有出入，不失定相。如金在井，金体常寂。"尊者曰："若金在井，若金出井，金无动静，何物出入？"曰："言金动静，何物出入？谓金出入，金非动静。"尊者曰："若金在井，出者何金？若金出井，在者何物？（按：此句原作"若金在井，出者何物"，据序刊本改）"曰："仁者师于何圣？"尊者曰："我师迦那提婆。"曰："稽首提婆师，而出于仁者。仁者无我故，我欲师仁者。"尊者曰："我已无我故，汝须见我我。汝若师我故，知我非我我。"难提心意豁然，即求度脱。尊者曰："汝心自在，非我所系。"语已，即付法眼偈云："于法实无证，不取亦不离。法非有无相，内外云何起。"说偈后，宴坐归寂。即汉武帝二十八年也。

僧迦難提尊者

僧迦难提尊者

尊者室罗筏城国王子也。生而能言。七岁即厌乐事，恳求出家，父母固止之，遂终日不食。父母乃命禅利多为之师。一夕天光下属，尊者见一路坦平，不觉徐行。约十里许，至一大岩前，有石窟焉，遂燕寂于中。经十年，尊者得法受记，遂行化至摩提国。见山舍，一童子持圆鉴直造尊者前。尊者问："汝几岁耶？"曰："百岁。"尊者曰："童子何言百岁？"曰："我不理会，正百岁耳。"尊者曰："汝善机耶？"曰："佛言：人生百岁，不会佛机，未若生一日而得决了之。"尊者曰："汝手中鉴，当何所表？"曰："诸佛大圆鉴，内外无瑕翳。两人同得见，心眼皆相似。"尊者曰："继吾道者，非子而谁？"即付法偈云："心地本无生，因地从缘起。缘种不相妨，华果亦复尔。"说偈已，即攀树而化。时汉昭帝十三年。

伽邪舍多尊者

伽邪舍多尊者

尊者姓郁头蓝。初，其母梦大神持鉴，因而有娠。凡七日而诞，肌体莹若琉璃，未尝洗沐，自然香洁。幼好清净，尝持鉴出游，遇难提尊者得度。领徒至大月氏国。见婆罗门舍有异气，尊者直入。舍主鸠摩罗多问："是何徒众?"尊者曰："是佛弟子。"罗多闻佛号，心神悚然，即时闭户。尊者自扣其门，罗多曰："此舍无人。"尊者曰："答无者谁?"罗多知是异人，遂开关延接。尊者因授法，说偈云："有种有心地，因缘能发萌。于缘不相碍，当生生不生。"付法已，踊身虚空，化火光三昧，自焚其身。时汉成帝二十年。

鳩摩羅多尊者

鸠摩罗多尊者

尊者生大月氏国，婆罗门之子。得道，行化至中天竺国。有大士名阇夜多，问曰：“我家素信三宝，而尝萦瘵疾；邻家久为旃陀罗行，而身常勇健。彼何幸，而我何辜?”尊者曰：“善恶之报，有三时焉。纵经百千万劫，亦不磨灭。”夜多闻语，乃释所疑。尊者：“汝虽已信三业，而未明业从惑生，惑因识有，识从心起。心本清净，无生灭，无造作，无报应，寂寂然，灵灵然，一切善恶，有为无为，皆如梦幻。”夜多领旨，即发宿慧，恳求出家。尊者曰：“吾今寂灭，汝当绍行化迹。”乃授偈曰：“性上本无生，为对求人说。于法既无得，何怀决不决。”言讫，即以指爪面，如莲花，放出大光明，而入寂灭。时新室十四年也。

闍夜多尊者

阇夜多尊者

尊者北天竺国人。智慧渊冲，化导无量。后至罗阅城敷扬顿教。彼有学众，唯尚辩论，为之首者名婆修盘头。尊者将欲度之，乃问彼众曰："此遍行头陀，可得佛道乎？苦行历于尘劫，皆虚妄之本耳。"众曰："尊者蕴何德行，而讥我师？"尊者曰："我不求道，亦不颠倒；我不礼佛，亦不轻慢；我不知足，亦不贪欲。心无所希，名之曰道。"时遍行闻言，欢喜赞叹。尊者复告之曰："吾适对众抑挫，仁者得无恨乎？"遍行曰："如饮无上甘露，而反生热恼耶？唯愿大慈以妙道垂诲。"尊者曰："汝久植众德，当继吾宗。听吾偈言：言下合无生，同于法界性。若能如是解，通达事理竟。"付法已，即奄然归寂。时后汉明帝十七年。

鹤勒那尊者

鹤勒那尊者

尊者姓婆罗门。年七岁，游行聚落，睹民间淫祠，乃入庙叱之曰：“汝妄兴祸福，幻惑斯民，伤害实多。”言讫，庙貌忽然颓坏，由是乡里称为圣子。行化至中印度，彼国王崇信佛道。尊者为说正法次，忽见二人绯衣来拜。王问曰：“此何人也？”尊者曰：“此是日月天子，吾昔（按：“昔”原作“首”，据《五灯会元》等改）曾为说法，故来谢耳。”良久不见，唯闻异香，王意欣然。时有师子，归依尊者而问曰：“我欲求道，当何用心？”尊者曰：“无所用心。”曰：“既无用心，谁作佛事？”尊者曰：“汝若有用，即非汝心。汝若无作，即是佛事。”师子闻言领悟。尊者乃以法眼付嘱护持，且授偈云：“认得心性时，可说不思议。了了无可得，得时不说知。”言讫，现十八变而归寂。

卷六

菩提達磨尊者

菩提达磨尊者

尊者姓刹利帝，本名菩提多那，后遇般若多罗尊者，改号达磨。师恭禀教义，服勤左右，垂四十年，未尝废缺。迨尊者顺世，遂演化本国，远近学者靡然向风，经六十余载，度无量众。时值异见王轻毁三宝，师知叹息："彼德薄，当何救之?"因命其徒波罗提往彼说法。异见王怒而问曰："何者是佛?"曰："见性是佛。"王曰："师见性否?"曰："我见佛性。"王曰："性在何处?"曰："性在作用。"王曰："是何作用?"波罗提即说偈云："在胎为身，处世为人。在眼曰见，在耳曰闻。在鼻辨香，在口谈论。在手执捉，在足运奔。遍现俱该法界，收摄在一微尘。识者知是佛性，不识唤作精魂。"王闻偈领悟，乃悔前非。因问曰："仁者智辨，当师何人?"答曰："即大王叔菩提达磨也。"王闻惊骇，遽敕近臣特加迎请。师即随使而至，为王忏悔前非。王因泣谢师训，钦崇三宝。

一日，师念行化时至，乃辞祖塔，别王而行。王乃具大舟，率臣僚，送至海壖。师泛重溟，凡三周寒暑，达于南海。实梁普通八年也。广州刺史萧昂表闻，武帝遣使迎请至金陵。帝问曰："朕造寺写经，不可胜纪，有何功德?"师曰："此人天小果，有漏之因。如影随形，虽有非实。"帝曰："如何是真功德?"师曰："净智妙圆，体自空寂。如是功德，不以世求。"帝又曰："如何是圣谛第一义?"师曰："廓然无圣。"帝曰："对朕者谁?"师曰："不识。"帝不领悟。

师知机不契合，潜回江北，寓止于嵩山少林寺。面壁而坐，终日默然，人莫之测，谓之壁观。时有僧神光者，博览群书，善谈玄理。闻师住止少林，乃躬往参承，师终面壁无语。一夜天大雨雪，光坚立不动，迟明，积雪过膝。师悯而慰问之，然终无诲言。光乃潜取利刀，自断左臂，置于师前。师知是法器，因与易名曰慧可。光曰："诸佛法印，可得闻乎?"师曰："诸佛法印，匪从人得。”光曰：“我心未宁，乞师与安。”师曰：“将心来安。”光曰：“觅心了不可得。”师曰：“与汝安心竟。”

师居少林九年，欲西返天竺。乃命门人曰：“时将至矣，汝等试各言所得。”时门人道副曰：“如我所见，不执文字，不离文字，而为道用。”师曰：“汝得吾皮。”尼总持曰：“我今所解，如庆喜见阿閦佛国，一见更不再见。”师曰：“汝得吾肉。”道育曰：“四大本空，五阴非有。而我见处，无一法可得。”师曰：“汝得吾骨。”最后慧可礼拜，后依位而立。师曰：“汝得吾髓。”乃以如来正法眼嘱授慧可，示以偈云：“吾本来兹土，传教救迷情。一花开五叶，结果自然成。”说已，端居而逝。即后魏孝明帝太和十九年（按：魏孝明帝无太和年号，《五灯会元》作“魏文帝大统二年”）。其徒为之葬熊耳山，起塔于定林寺。

后二年，魏宋云奉使西域回，遇师于葱岭，见手携只履，翩翩独逝。云问：“师何往？”师曰：“西天去。”云茫然别师。迨孝庄即位，云具奏其事。帝令启圹视之，惟见空棺，一只革履存焉，举朝惊异。奉诏取遗履供养于少林寺，后为人窃往五台华严寺，今不知所在矣。

仰山慧寂禪師

仰山慧寂禅师

师姓叶氏。年十五欲出家，父母不许，师断二指跪致父母前，誓求正法，以答劬劳。遂依南华寺通禅师落发。游方，初谒耽源，已悟玄旨，后参沩山，渐入堂奥。尝见桃花有会，一日述偈云："三十年来寻剑客，几逢落叶几抽枝。自从一见桃花后，直至如今求不疑。"祐师览毕，诘其所悟，与之符契，乃谓曰："从缘悟道，善自护持。"（按："尝见桃花有会"至"善自护持"，《五灯会元》等记为灵云志勤禅师事）一日随沩山开田，师问曰："这头恁的低？那头恁的高？"祐曰："水能平物，但以水平。"师曰："水亦无凭，但高处高平，低处低平耳。"祐然之。师问香严："弟近日见处何如？"曰："某甲卒说不得。"乃呈偈云："去年贫，未是贫。今年贫，始是贫。去年无卓锥之地，今年锥也无。"师曰："汝得如来禅，未得祖师禅。"

师盘桓沩山前后十五载，凡有语句，学徒无不叹服。后迁止仰山，徒众益盛。接机利物，为禅宗标准。年七十七，抱膝而逝于韶州东平山。临终有偈云："我年七十七，老去是今日。任性自浮沉，两手抱双膝。"

僧璨大師

僧璨大师

大师初以白衣谒二祖。既受度传法，遂隐于舒州皖公山，积十余载，时人无有知者。至隋开皇间，有沙（按："沙"原作"少"，据序刊本改）弥道信者，年方十四，来礼师曰："愿和尚慈悲，乞与解脱法门。"师曰："谁缚汝？"曰："无人缚。"师曰："既无人缚，何更求解脱？"信于言下大悟。服劳九载，师屡试以玄微，知其缘熟，乃付以法衣，且授偈云："华种虽因地，从地种华生。若无人下种，华地尽无生。"授偈毕，复适罗浮山，优游二载，却旋旧址。逾月，士民奔趋，大设檀供。师为四众广（按："广"原作"魔"，据序刊本改）宣心要讫，于法会大树下合掌而终。即隋炀帝大业二年也。

道信大師

道信大师

大师姓司马氏。生而超异，幼慕空宗。既嗣祖法，摄心无寐，胁不至席者六十年。住破头山，学侣云臻。一日往黄梅，路逢一小儿，骨相奇秀。师异之，问曰："子何姓?"曰："姓即有，不是常姓。"师曰："是何姓?"曰："是佛性。"师曰："汝无性（按："性"，《五灯会元》等作"姓"）耶?"曰："性空。"故师知是法器，即诣其父母所，乞令出家。父母以宿缘故，殊无难色，遂舍为弟子。师乃以衣法授之。后贞观中，太宗向师道味，诏付京。师上表逊谢，前后三返，竟以疾辞。上复命使至曰："如果不起，即取首来。"师乃引颈就刃，颜色不变。使异之，回以状闻。帝乃赐珍缯，以遂其志。迄高宗时，一日忽谓门人曰："汝等各自护念，流化将来。"言讫，端坐而逝。

破竈墮和尚

破灶堕和尚

师不称名氏，言行叵测。隐居嵩岳，山坞有庙甚灵，中唯一灶，远迩祭祀，烹杀甚多。师一日领侍僧入庙，以杖敲灶三下，云："咄！此灶只是泥瓦合成，圣从何起？灵从何来？恁么烹杀物命？"言讫又击三下，灶乃倾堕。故遂称破灶堕和尚。须臾，有一人峨冠大带，忽然投拜师前。师曰："伊是何人？"曰："我是此庙灶神，久受业报。今蒙师说无生，得脱此处，生在天中。故特来谢。"师曰："是汝本性，何谢之有？"神再作礼而没。侍众问曰："某等久侍左右，未蒙明训。灶得何旨，便尔生天？"师曰："我只道本是泥瓦合成，别也无甚道理。"侍众不会。师曰："本有之性，为甚不会？"侍众遂礼拜。师曰："破也破也，堕也堕也。"又僧问："如何是修善行人？"师曰："捻枪带甲。"又问："如何是作恶行人？"师曰："修禅入定。"僧曰："某甲浅机，请师直指。"师曰："汝问我恶，恶不从善；汝问我善，善不从恶。"良久又曰："会么？"曰："会。"师曰："恶人无善念，善人无恶心。所以道：善恶如浮云，俱无起灭处。"其僧从言下大悟。一日持镜自照，颂曰："镜凹令人瘦，镜凸令人肥。不如打破镜，还我旧面皮。"后竟不知所终。

慧能大師

慧能大师

师姓卢，其先范阳人。家甚贫窭，师樵采自给。一日负薪入市中，闻客读《金刚经》，遂悚然感悟，矢志寻师。至韶州，遇女尼无尽藏者诵《涅槃经》，师暂听，随即为解说其义。尼乃执卷问字，师曰："字即不识，义即请问。"尼曰："字尚不识，安能会义？"师曰："诸佛妙理，非关文字。"尼大异之，遍告居人，竞来瞻礼。一日师自念曰："我求大法，岂可中道而止？"明日遂行。至昌乐西山石室，遇智远禅师，指示参谒黄梅，师竟往焉。忍大师一见，默而识之，授以衣法，令隐于怀。至仪凤元年，届南海，遇印宗禅师讲经于法性寺，师止廊庑听受。入夜，风飏刹幡。二僧对论，一云风动，一云幡动，往复酬答，未曾契理。师不觉言曰："风幡非动，动自心耳。"印宗悚然异之，邀师入室，执弟子礼。乃告四众曰："印宗具足凡夫，今遇肉身菩萨。"因请出所传信衣，悉令瞻拜。明年二月，韶州刺史韦据请于大梵寺转妙法轮，门人纪录，目为《坛经》，盛行于世。后返曹溪，雨大法雨，学者不下千数。

中宗神龙元年，遣内侍薛简驰诏迎请，师上表辞谢。薛简曰："弟子回朝，主上必问。愿慈悲指示心要，如何明道？"师曰："道无明暗，明暗亦是代谢之义。明明无尽，亦是有尽，相待（按："待"原作"侍"，据《五灯会元》等改）立名。"简曰："明喻智慧，暗况烦恼。倘不以智慧照破烦恼，无始生死，凭何出离？"师曰："以智慧照烦恼，此是二乘小儿羊鹿等智。上智大根悉不如是。"简曰："如何是大乘见解？"师曰："明与无明，其性无二。无二之性，即是实性。性者，处凡愚而不减，在贤圣而不增，住烦恼而不乱，居禅定而不寂。不断不常，不来不去。不在中间，不在内外。不生不灭，性相如如。常住不迁，名之曰道。"简豁然大悟，归阙表奏师语，加赐摩纳袈裟绢钵等物。

师说法利生，经四十余载。一日谓门人曰："吾欲返新州，宜速理舟楫。”大众哀请，乞师少住。师曰：“诸佛出世，犹示涅槃。有来必去，理亦自然。”言讫，往新州国恩，沐浴跏趺而化，异香袭人，白虹属地。时先天二年也。

法融禪師

法融禅师

师姓韦氏。十九学通经史，寻阅大典，晓达真空。一日叹曰："儒道世典，非究竟法。般若真观，出世舟航。"遂投师落发。入牛头山北岩石室中止焉，时有百鸟衔花之异。唐贞观中，四祖遥观星气，知此山有奇异之人，遂往寻访。见师端坐石上，曾无所顾。祖问曰："在此何为?"师曰："观心。"祖曰："观是何人？心是何物?"师无对，便起作礼。祖亦因止山后一小庵中，朝夕以法要授之。后祖复返双峰山终老。师自此法席日盛。徒众乏粮，师亲诣丹阳缘化，去山八十里，躬负米一石八斗，朝出暮还，供僧三百。一日，讲《般若经》于建初寺，听者云集，山岳为之震动。后终于寺中，百鸟哀号不止，寺前四大桐树，仲夏忽尔凋落。时显庆二年也。

古靈神贊禪師

古灵神赞禅师

师本姓陈。生而状貌奇伟，顶骨山立，声若洪钟。幼入大中寺听习律乘。尝念徒自勤苦，而未闻玄秘，乃孤锡远游，行脚四方。后遇百丈开悟，始回本寺受业。师问曰："汝行脚数年，得何事业？"曰："并无事业。"遂遣执役。一日，其师澡浴，命师去垢。师乃拊背曰："好座佛殿，而佛不灵。"其师回首视之，师曰："佛虽不灵，却会放光。"又日，其师窗下看经，蝇子投窗，钻纸求出。师曰："世界如许空阔，却不肯出，乃钻故纸。"其师置经问曰："汝遇何人，发言屡异？"师曰："某甲蒙百丈和尚指个歇处，今欲举报慈德耳。"乃登座举唱百丈门风曰："灵光独耀，迥脱根尘。体露真常，不拘文字。心性无染，本自圆成。但离妄缘，即如如佛。"其师言下感悟。

师后住古灵，聚徒数载。临迁化，声钟告众曰："汝等诸人，还识无声三昧否？"众曰："不识。"师曰："汝但静听，莫别思惟。"众皆侧耳，师乃俨然顺寂。

趙州從諗禪師

赵州从谂禅师

师姓郝氏。童时即于本州扈通院从师披剃。便抵池阳参南泉，偃息而问曰："近离甚么处？"师曰："近离瑞像。"曰："还见立瑞像么？"师曰："不见立瑞像，只见卧如来。"曰："汝是有主沙弥，无主沙弥？"师曰："有主。"曰："主在甚么处？"师曰："仲冬严寒，伏惟和尚珍重。"南泉器之。师复问曰："如何是道？"泉曰："平常（按："常"原作"当"，据序刊本改）心是道。"师曰："还可趋向否？"泉曰："拟向即乖。"师曰："不拟如何知是道？"泉曰："道无知不知。知是妄觉，不知是无记。若是真悟，犹如太虚廓然，何得强名是非？"师言下开悟。乃往嵩岳纳戒，却返南泉。

一日将游五台，有僧作偈留之云："何处青山不道场，何须策杖礼清凉。云中纵有金毛现，正眼观时非吉祥。"师云："作么生是正眼？"僧无对。一日，师扫地次，有僧问云："善知识，为甚么有尘？"师曰："尘从外来。"又僧问云："清净伽蓝，为甚么要扫？"师曰："又加一点也。"院中有石幢子被风吹折，僧问："陀罗尼幢子作凡去，作佛去？"师曰："也不作凡，亦不作佛。"僧曰："毕竟作甚么？"师曰："落地去也。"有僧问云："如何是学人自己事？"师曰："吃粥了也未？"僧云："吃粥也。"师曰："洗钵去。"僧忽然大悟。又僧问云："久向赵州石桥，到来只见掠彴。"师曰："汝只见掠彴，不见石桥。"僧云："如何是石桥？"师曰："过来，过来。"其僧亦豁然。师寿一百二十，终于乾宁四年。

南岳怀让禅师

南岳怀让禅师

师姓杜氏。年十五，往荆州玉泉寺，依弘景律师出家。受具，习毗尼藏。一日慨然直诣曹溪，参六祖。祖问："甚么处来？"曰："嵩山来。"祖曰："将甚么物来？"曰："说是一物即不中。"祖曰："还可修证否？"曰："修证即不无，污染即不得。"祖曰："即此不污染，诸佛所护念。汝能如是，吾亦如是。"师豁然契会。

执侍一十五载。开元中，往衡岳般若寺居焉。有沙门道一，住传法院，常日坐禅。师往问曰："大德坐禅，图个甚么？"一曰："图作佛。"师乃取一砖，磨于庵前石上。一曰："磨砖作甚？"师曰："作镜。"一曰："磨砖岂得成镜？"师曰："磨砖既不成镜，坐禅安能成佛耶？"一曰："如何即是？"师曰："如牛驾车，车不行，打车即是？打牛即是？"一因礼拜，请问曰："如何用心，即合无相三昧？"师示一偈云："心地含诸种，遇泽悉皆萌。三昧华无相，何坏复何成。"

师有入室弟子六人，一一印可之。天宝三年，圆寂于衡岳。

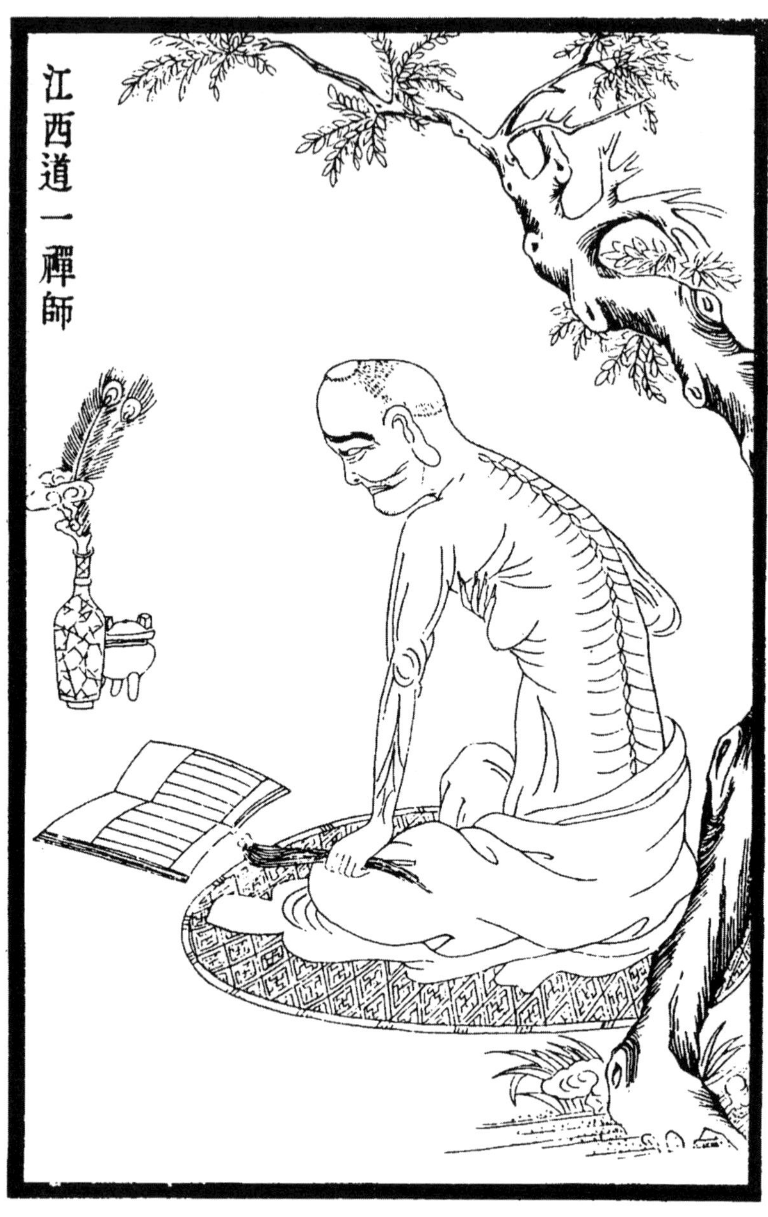
江西道一禪師

江西道一禅师

师姓马氏。容貌奇伟，牛行虎视，引舌过鼻，足下有二轮文。幼岁受具于渝州圆律师。开元中，习禅定于衡岳。遇让和尚传法，密受心印。讲法于开元精舍，四方学者云集座下。师乃谓众曰："汝等各信自心是佛，无事他求。"有僧问和尚："为何说即心即佛？"师曰："为止小儿啼。"僧曰："啼止时如何？"师曰："非心非佛。"庞居士问："如水无筋骨，能胜万斛舟。此理何如？"师曰："我这里无水亦无舟，说甚么筋骨。"洪州廉使问曰："弟子吃酒肉耶是？不吃耶是？"师曰："若吃是中丞禄，不吃是中丞福。"

师入室弟子凡一百三十九人，各为一方宗主，传化无穷。贞元四年，登建昌石门山，见洞壑平坦，忽谓侍者曰："吾得归所矣。"言讫而回，即跏趺入灭。

石鞏惠藏禪師

石巩惠藏禅师

师生而膂力过人，以弋猎为事。一日逐群鹿，过马祖庵前，祖因逆之。藏问祖："见鹿否?"祖曰："汝是何人?"曰："猎者。"祖曰："汝解射否?"曰："解射。"祖曰："汝一箭射几个?"曰："一箭射一个。"祖曰："汝不解射。我却一箭射一群。"曰："彼此是命，何用射他一群?"祖曰："汝既知此，何不自射?"曰："若教某甲自射，即无下手处。"祖曰："这汉旷劫无明烦恼，今日顿息。"藏即毁弃弓箭，自以刀截发，投祖出家。

一日作务回。祖曰："作什么来?"曰："牧牛来。"祖曰："作么生牧?"曰："一回入草去，便把鼻拽来。"祖曰："子真牧牛者。"后游洛阳，回至唐州，见一山殊胜，询及土人，乃云此紫玉山也。师因陟其巅，见一方石，莹然紫色，叹曰："真紫玉也。"遂缉茅构舍而栖焉。（按："后游洛阳"至"遂缉茅构舍而栖焉"，《五灯会元》等记为紫玉山道通禅师事）

智威禪師

智威禅师

师姓华氏，身长七尺六寸，智勇过人。为隋中郎将，唐武德中，乃乞身出家。入舒州皖公山，从宝月禅师为弟子。一日宴坐谷中，忽山水瀑涨，师怡然不动，山水自退。师平生惟用一衲一铛，终老不易。有供僧谷二廪，盗者窥伺，虎为守之。时县令张逊诣山谒师，问师曰："徒从几何？"师曰："二三人。"逊曰："何在？"师以拂子击禅床三声，二虎咆哮而出。逊作惊怖状，师遂（按："遂"原作"逐"，据序刊本改）指之使去。又有昔同从军二人，闻师隐遁，乃共入山访之。既见，因谓曰："郎将狂耶！"师曰："我狂欲醒，君狂正发。夫嗜色淫声，贪荣冒宠，流转生死，何由自出？"二人感叹而去。仪凤二年，迁住石头城。示灭，颜色不变，屈伸如生。室有异香，经旬不散。（按：传文主体，《五灯会元》等记为牛头山智岩禅师事；其中"师平生惟用一衲一铛"至"师遂指之使去"，《五灯会元》等记为牛头山慧忠禅师事）

嵩嶽元珪禪師

嵩岳元珪禅师

师姓李氏。幼岁出家，习毗尼无懈。后谒安国禅师，印以真宗，顿悟玄旨。遂卜庐于岳之庞坞。一日有异人者，峨冠袴褶而至，从卫甚多。师睹其形貌非常，乃问之曰："仁者胡来?"答曰："师宁识我耶?"师曰："吾观佛如众生等，岂生分别耶?"曰："我乃岳神也，能生死人，师安能以一目视之?"师曰："吾本不生，汝焉能死?吾视身与空等，视吾与汝等，汝能坏空与汝乎?"神大感悟，乃曰："今欲效我所能，奉报慈德。不知师果何欲?"师曰："吾观身无物，观法无常，更欲何事?"神曰："佛亦使神护法，师宁隳佛耶?"师不得已而言曰："北岫多树，然非屏拥。汝能移植东岭乎?"神曰："敬闻命矣。"即作礼，腾空而去。入夜，果暴风吼雷，奔云震电，山岳摇动。及旦和霁，则北岩松栝尽移植东岭矣。师谓众曰："吾没后，无令外知，使人谓我为妖。"以开元四年示灭，若委蜕焉。

香嚴智閑禪師

香岩智闲禅师

师自幼厌俗慕道，喜诵诸经。依沩山禅会，祐和尚知是法器，乃激之曰："吾不问汝平生卷册上记得者。汝未出胞胎，未辨东西时，本分事试道一句来。"师懵然无对。沉吟久之，进数语，祐皆不许。师曰："请和尚为说。"祐曰："吾说得是吾之见解，于汝何益？"师归堂，遍检所集诸经，无一语可将酬对。乃自叹曰："画饼不可充饥。"于是尽焚之，曰："且作个长行粥饭僧，免役心神。"遂辞沩山而去。抵南阳，见忠国师遗迹，遂憩止焉。一日因山中芟除草木，以瓦砾击竹作声，俄然失笑，忽尔省悟。遂归，沐浴焚香，遥礼沩山，赞云："和尚大悲，恩逾父母。当时若为我说，却安有今日？"乃述一偈云："一击忘所知，更不假修持。处处无踪迹，声色外威仪。诸方达道者，咸言上上机。"一日谓众曰："如人在千尺悬崖，口衔树枝，脚无所蹈，手无所攀。"凡示学徒，语多简直。有颂二百余篇，随缘对机，不拘声律，诸方盛行。

卷七

雲岩曇晟禪師

云岩昙晟禅师

师姓王。少出家，初参百丈慧海禅师，未悟玄旨。后诣药山会下，乃始契悟大法。一日药山问云："闻汝解弄狮子，是否？"师曰："是。"曰："弄得几出？"师曰："弄得六出。"药云："我亦解弄。"师曰："和尚弄得几出？"曰："我弄得一出。"师曰："一即六，六即一。"后到沩山。沩山问曰："闻长老在药山会弄狮子，是否？"师曰："是。"曰："长弄么？还有置时么？"师曰："要弄即弄，要置即置。"曰："置时狮子在什么处？"师曰："置也，置也。"有僧来谒，师问："从甚处来？"僧云："石上语话来。"师云："石还点头也无？"僧无对。师曰："未问时却点头。"唐会昌元年，师示寂，寿六十。荼毗，得舍利一百余粒，瘗于石坟内。

洞山良价禪師

洞山良价禅师

师姓俞。幼岁从师，因念《般若》，以无根尘义问其师，师骇异，命往嵩山落发受戒。初参沩山，后又访道云岩，云岩留止焉。师问曰："无情说法，甚么人得闻？"岩曰："无情说法，无情得闻。"师曰："和尚闻否？"岩曰："我若闻，汝即不得闻吾说也。"师曰："若恁么，良价不闻和尚说法也。"岩曰："我说汝尚不闻，何况（按："况"原作"以"，据序刊本改）无情说法也？"师因呈一偈云："也大奇，也大奇，无情解说不思议。若将耳听声不现，眼里闻声始得知。"师又问曰："和尚百年后，忽有人问还得师真否，如何祇对？"岩曰："但向伊道：即这个便是。"师犹涉疑似。后因对水见身影，而大悟前旨，乃作偈云："切（按："切"原作"功"，据《五灯会元》等改）忌从他觅，迢迢与我疏。我今独自往，处处得逢渠。渠今正是我，我今不是渠。应须恁么会，方得契如如。"

师后在新丰山，接引学徒甚众。咸通十三年（按："十三年"，《五灯会元》等作十年），师将示灭，乃谓众曰："吾闲名在世，谁能为吾除之？"众皆无对。时沙弥出曰："请和尚法号。"师曰："吾闲名已谢矣。"言讫，寂然长往。

益州無住禪師

益州无住禅师

师得法于无相大师。居南阳白崖山，专务冥寂。垂诲虽广，而唯以无念为宗。唐相国杜鸿渐闻师名，思一瞻礼，乃遣使敬请。师至，公问曰："弟子闻师说无忆、无念、莫妄三句法门，是否？"曰："然。"公曰："此三句（按："句"原作"否"，据序刊本改）是一是三？"曰："无忆名戒，无念名定，莫妄名慧。一心不生，具戒定慧，非一非三也。"公曰："后句妄字，莫是从心之忘乎？"曰："从女者是也。"公曰："有据否？"曰："经云：若起精进心，是妄非精进。若能心不妄，精进无有涯。"公疑释然。于时庭树鸦鸣，公问："师闻否？"曰："闻。"鸦去，又问："师闻否？"曰："闻。"公曰："鸦去无声，云何言闻？"师乃普告大众曰："闻无闻有，非关闻性。本来不生，何自有灭？有声之时，是声尘自生。无声之时，是声尘自灭。而此闻性不随声生，不随声灭。悟此闻性，则免声尘所转。自知闻无生灭，闻无去来。"公与大众作礼而退。师度化无量，后居保唐寺寿终。

伏牛山自在禪師

伏牛山自在禅师

师姓李，形貌短小，智慧越人。初依径山国一禅师，受具后参大寂，发明心地。因为大寂送书与忠国师，国师问曰："马大师以何示众?"师对曰："即心即佛。"国师曰："此外更有何言?"师对曰："非心非佛。或曰不是心，不是佛，不是物。"国师曰："犹较些子。"师曰："马大师即恁么，未审和尚如何?"国师曰："三点如流水，一曲似禾镰。"师后隐居伏牛山。一日谓众曰："即心即佛是无病求病句，非心非佛是药病对治句。"僧问曰："如何是脱洒句?"师曰："伏牛山下古今传。"又尝自吟一绝云："宇内为闲客，人中作野僧。任从他笑我，有处自腾腾。"（按："宇内为闲客"一偈，《五灯会元》等记为漳州罗汉和尚语，《景德传灯录》等记为襄州关南道吾和尚语）

大珠慧海禪師

大珠慧海禅师

师姓朱。依越州道智和尚受业。初参马祖，祖问曰："从何处来?"曰："大云寺来。"祖曰："来此拟何事?"曰："来求佛法。"祖曰："自家宝藏不顾，抛家散走。我这里一物也无，求甚佛法?"师遂礼拜，问曰："阿那个是慧海自家宝藏?"祖曰："即今问者，是汝宝藏，一切具足，何假向外驰求?"师于言下大悟。

承事六载。后以受业师老，还归奉养，乃晦迹韬光，外示痴讷。一日有法师来谒，曰："拟伸一问，师还对否?"师曰："深潭月影，任意撮摩。"曰："如何是佛?"师曰："清谈对面，非佛而谁?"又僧问："和尚如何用功?"师曰："饥来吃饭，困来打眠。"曰："一切人总如是用功否?"师曰："不同。"曰："为甚不同?"师曰："他吃时不肯吃，百种须索；睡时不肯睡，千般较量。所以不同。"僧杜口无语。师时闲居补衲，忽僧谓曰："将败坏补败坏。"师曰："何不道即败坏非败坏?"其僧作礼而去。（按："师时闲居补衲"至"其僧作礼而去"，《五灯会元》等记为道吾宗智禅师事）

紫玉山道通禪師

紫玉山道通禅师

师姓何，本庐江人，幼随父守官泉州。一日诵《楞伽经》有悟，遂落发出家。唐天宝初，马祖阐化建阳，师往随之。一日马祖将归寂，谓师曰："紫玉润丽，增汝道业，汝可居之。"师初不悟。后偕自在禅师同游洛阳，回至唐州，见一山四面悬绝，峰峦峻耸，山麓水滨，有石莹然。因询乡人，云是紫玉山。遂笑曰："此吾师所云紫玉也。"因葺茅而居焉。尝坐石上吟曰："闲来石上观流水，欲洗禅衣未有尘。"（按："闲来石上观流水"一偈，《五灯会元》等记为慧林若冲禅师语）时于頔相公往谒之，问："如何是黑风吹船舫，漂堕罗刹鬼国？"师曰："于頔小子，问此何为？"公勃然怒形于色。师徐谓："发此嗔恚心，便是黑风吹船舫，飘堕入鬼国矣。"公始怡然作礼悔谢。元和八年，师无疾而终，寿八十有四。

豐干禪

丰干禅师

师不知何许人。居天台山国清寺。剪发齐眉，衣一布裘，人问佛理，止答以“随时”二字。尝诵唱道歌，乘虎入院，众僧惊畏。本寺厨中有二苦行，曰寒山、拾得。二人终日晤语，听者不解，时以风狂目之，独与师相亲。一日，寒山问：“古镜不磨时，如何烛照？”师曰：“冰壶无影像，猿猴探水月。”曰：“此是不照烛也，请师更道。”师曰：“万德不将来，教我道什么？”寒、拾俱礼拜。师寻入五台山巡礼，路逢一老翁，师问：“莫是文殊否？”曰：“岂可有二文殊？”师作礼，未起，忽然不见。至五台经数年后，回天台山示灭。

寒山子

寒山子

师本无氏族，尝居始丰县寒岩中，遂名寒山子。容貌枯悴，布襦零落，以桦皮为冠，曳大木屐。时来国清寺就拾得，取众僧残食菜滓食之，或时徐行廊下，或时叫噪望空慢骂，寺僧以杖逼逐，附掌大笑而去。一日丰干谓之曰："汝与我游五台，即我同流；若不与我去，非我同流。"曰："我不去。"丰干曰："不是我同流。"寒山因问曰："汝去作甚么?"丰干曰："我去礼文殊。"曰："汝却不是我同流。"

初，闾丘公出牧丹丘，来谒丰干，乞示安危之兆。丰干曰："到任记谒文殊普贤。"曰："此二菩萨何在?"师曰："国清寺执爨者寒山拾得是也。"闾丘拜辞乃行。寻至山寺访之，见二人围炉语笑。闾丘不觉致拜，二人连声咄叱，复执闾丘手，笑而言曰："丰干饶舌。"遂相携出松门，更不复入寺。闾丘又至寒岩礼谒，二人高声喝之曰贼，便缩身入岩石缝中，唯曰："汝诸人各各努力。"其石缝忽然而合，杳无踪迹。闾丘哀慕不已，令其徒道翘检其遗物，唯有木叶书词数十首而已。

拾得子

拾得子

师不知名氏。因丰干经行山中，闻儿啼声，遂寻之，见一子可数岁，遂名拾得。携至国清寺，付与座僧。令知食堂香灯。忽一日，辄登座，与佛对盘而食。典座僧忿然罢其堂任，令厨内涤器。洗濯食滓以筒盛之，寒山来，必负之而去。一日扫地，寺主问曰："汝名拾得，毕竟姓个甚么？住在何处？"拾得放下扫帚，叉手而立，寺主罔测。寒山槌胸云："苍天！苍天！"拾得却问："汝作什么？"曰："岂不见东（按："东"原作"一"，据序刊本改）家人死，西家助哀。"二人作舞，大笑而出。一日，因厨下食为鸟所食，拾得以杖杖护伽蓝曰："汝食不能护，安能护伽蓝乎？"是夕，神见梦合寺僧曰："拾得打我。"诘旦，众僧说梦符同，一寺骇异。牒申州县，云菩萨应身，宜用旌之，时号拾得为贤士。后遂隐名而逝。

布袋和尚

布袋和尚

师未详氏族。形裁腲脮，蹙额皤腹，出语无定，寝寤随处。常以杖荷一布袋，凡供身之具，尽贮袋内，时号长汀子布袋师也。尝卧雪中，雪不沾衣。言人吉凶，应期无忒。天将雨，即着湿草屦；遇亢旱，即曳木屐居。民以此验知。有一僧过师前，师拊其背（按：“拊其背”原作“□□首”，据序刊本改），僧回顾，师曰：“乞我一文。”僧曰：“道得即与一文（按：“一文”原缺，据序刊本补）。”师乃放下布袋，叉手而立。白鹿和尚（按：“白鹿和尚”，《五灯会元》等作“保福和尚”）问：“如何是佛法大意？”师放下布袋叉手。又问：“莫更有向上事否？”师乃负之而去。尝有偈云：“一钵千家饭，孤身万里游。青目观人少，问路白云头。”梁贞明三年三月，于岳林寺东廊下，端坐磐石而说偈曰：“弥勒真弥勒，分身千百亿。时时示时人，时人自不识。”偈毕，安然而逝。

鳥窠禪師

鸟窠禅师

师姓潘。母朱氏梦日光入口，因而有娠。及诞，异香满室，遂名香光焉。九岁出家，二十受戒于荆州果愿寺。一日，游至孤山永福寺，有辟支佛塔，时道俗共为法会，师振锡而入。有韬光法师问曰："此之法会，何以作声?"师曰："无声谁知是会?"后见秦望山有松萝繁茂，盘屈如盖，遂栖止其上，故时人谓鸟窠禅师。

元和中，白居易出守兹郡，入山礼谒。乃问曰："禅师住处甚险。"师曰："太守住处尤险。"曰："弟子位镇江山，何险之有?"师曰："薪火相煎，识性不停，得非险乎?"又问："如何是佛法大意?"师曰："诸恶莫作，众善奉行。"曰："三岁孩子也解恁么道。"师曰："三岁孩子道得，八十老翁行不得。"白遂作礼。师于长庆四年忽告众住："吾今报尽。"言讫坐亡，寿八十有四。

誌公和尚

志公和尚

师姓朱氏。少出家，止道林寺，修习禅定。居止无常，饮食不定。发长数寸，徒跣执锡杖，头擐剪尺铜鉴，或挂帛数尺。旬日不食，亦无饥容。时或歌吟，词如谶记。士庶皆敬事之。

建元中，武帝谓师惑众，收付建康狱中。人或见其在市，及检狱，如故。及梁高帝（按：据《景德传灯录》等，“高帝”应为“武帝”，下“二人俱白高帝”同）即位，下诏曰：“志公迹拘尘垢，神游冥寂，水火不能焦濡，蛇虎不能侵害。岂以俗士常情，空相拘制？自今不得复禁。”一日问师曰：“弟子烦惑，何以治之？”师曰：“十二。”识者以为十二因缘治惑药也。时舒州灊山景色最称奇绝，而山麓尤胜，志公与白鹤道人皆欲之。天监六年，二人俱白高帝。帝以二人皆具灵通，命各以物识其地，得者居之。道人云：“某以鹤止处为记。”志公云：“某以锡卓处为记。”已而鹤先飞至，将止于麓，忽闻空中锡声，惊止他所，而锡遂卓于山麓。二人乃各以所识筑室焉。后至十三年冬，忽密谓人曰：“菩萨将去。”未及旬日，端坐而化，遍体香软。

杯渡和尚

杯渡和尚

杯渡者，未详名氏，常乘杯渡水，故因名之。初在冀州，不修细行，饮酒啖肉，与俗无异。或着屐上山，或徒行入市，唯荷一芦圌子，更无余物。尝寄宿一民家，座有金像一尊，渡窃而去。其家觉而追之，见渡徐行，走马追之不及。至于孟津，浮杯而渡，不假风棹，其疾如飞。东游吴郡，路见钓翁，因就乞鱼。翁以一馁者施之，渡手弄反复，投入水中，鱼复悠然而逝。又遇网师，更从乞鱼，网师瞋詈不与。渡乃拾取两石子，掷水中，俄而有两水牛斗，入其网，网既碎败，牛不复见，渡亦隐去。后至广陵，遇村舍李家八关斋，乃直入斋堂而坐，以芦圌置于中庭。李视其中，唯一败衲及一木柄而已，数人举之不胜。李知其异，敬请在家，养侍百日。一日或出，至暝不返。合境闻有异香，忽见渡在北岩下，敷一败袈裟于地，晏然而寂。前后皆生莲华，鲜香逼人，一夕而萎。李因殡之。数日后有人从北来，云见渡负芦圌，行向彭城。乃启棺检，仅存靴履而已。

慧遠禪師

慧远禅师

师本姓贾氏。弱而好书，尤喜庄老。性度弘伟，风鉴朗拔。年二十一，闻沙门释道安讲法于太恒山，遂往从之。一日听讲《般若经》，豁然有悟，乃与弟慧持（按：“慧持”原作“慧特”，据《高僧传》等改）投簪落发。慨然以大法为己任，昼夜行持，一时宿儒老衲咸推服焉。后欲往罗浮山，及届浔阳，见庐峰清净，足以息心，遂住龙泉精舍。时庐山去水甚远，师乃以锡扣地曰：“若此中果得栖息，当使稿地泉涌。”言毕，清流突出，倏忽成溪。其后浔阳亢旱，师诣池侧读《龙王经》，忽有巨蛇自下腾上，须臾大雨，遂以有年，因号为龙泉寺焉。自师卜居庐阜三十余年，影不出山，迹不入俗。每送客，率以虎溪为界，过则虎辄鸣号，故名虎溪。后与陶渊明、陆修静语道契合，不觉过之，因大发笑，世遂传为虎溪三笑。远迩僧众，无不钦服。年八十有三，圆寂于晋义熙十二年。

竺道生

竺道生

道生姓魏氏。生而颖悟，不喜尘嚣。遇沙门竺法汰，遂落发受戒。初入庐山，幽栖七年，钻研诸经，不辞疲倦。后游长安，从什公受业，器鉴日深，问辨精敏。关中僧众，钦服若神。后游虎丘山，泠然若有会心处，遂栖迹焉。尝独坐长松之下，别无所接，唯竖石为徒而已。一日讲诵《涅槃》，至阐提亦（按：“亦”字原缺，据序刊本补）有佛性处，曰：“如我所说，果契佛心否？”竖石亦首肯之。其年夏，雷震青园佛殿，忽见一龙飞跃升天，光影西壁，逐改寺名曰龙光。时人叹曰：“龙既去，生必行矣。”数日，生果复还庐山。留一遗影落于虎丘岩岫间，时往来僧众，无不瞻礼。宋元嘉十一年，升庐山法座，宣讲《涅槃》将毕，忽见麈尾纷然坠地。正容端坐，宴然而寂。

佛圖澄

佛图澄

师本姓白氏。为人弘雅有识，明解三藏，博览六经，天文图纬，多所综涉。其左胁乳旁有一孔，约大四寸，通彻腹内，时以絮塞之，夜欲读书，辄拔出其絮，则一室洞明。又斋日，辄至水边，引肠涤之，已而复纳于中。

以永嘉四年，来适洛阳，志弘大法。善持经咒，役使鬼物。以麻油杂胭脂涂掌，千里外事，皆彻现掌中，如对面焉。又听铃音以言吉凶，无不符验。时石勒屯兵葛陂，专事杀戮。澄悯念苍生，欲以道化勒。于是策杖诣军门，谒大将黑略。略素崇奉佛法，遂以澄荐勒。勒召问曰："佛道有何灵验?"澄思勒不达深理，止可术动。因取盆水，烧香咒之。顷刻青莲郁起，光色动人。勒由此信伏。澄因遇事进谏，凡应被残杀蒙其利益者十有八九。于是中州之胡，皆愿奉佛。

建平四年四月一日，天静无风，而塔上一铃独鸣。澄谓众曰："铃云国有大丧，不出今年矣。"是岁七月，勒死。太子弘袭位。少时，石虎废弘自立，亦倾心事澄，留奉邺城寺中。一日，遣弟子向西域市香。既行，忽告余弟子曰："掌中见买香弟子被劫垂死。"因烧香咒愿，遥护救之。既而市香者还，云某月某日为贼所劫，将见诛杀，忽闻香气自空而下。贼无故自惊，曰："救兵已至。"弃之而走。澄尝与虎共坐中堂，澄忽惊曰："幽州当有火灾。"随取酒洒之，且笑曰："火已解矣。"虎遣验幽州，云："迩日火从四起，西南忽有黑云飞来，骤雨灭之，雨中皆有酒气。"虎因事澄若神。至虎建武十四年，忽谓弟子法祚曰："戊申祸乱将萌，己酉石氏当灭。吾及未乱，当先化矣。"至十二月八日，卒于邺宫，春秋一百一十有七。时晋穆帝永和四年也。

龍潭崇信禪師

龙潭崇信禅师

师未详姓氏，本渚宫卖饼家子也。时道悟和尚居天皇寺，人无识者。师家居寺侧，常日以十饼馈之。悟受之，每食必留一饼，云："吾惠汝以荫子孙。"师一日自念云："饼是我的，何复遗我，其别有旨乎?"遂造而问焉。悟曰："是汝持来，还汝持去，又何疑焉?"师闻言顿悟，遂受戒出家，悟因赐名崇信。一日问曰："某自到来，不蒙指示心要。"悟云："自汝到来，吾何者不指示心要？汝擎茶，吾为汝接；汝行食，吾为汝受；汝合掌时，吾便低首。何处不指示心要?"师低头良久。悟曰："见则直下便见，拟思即差。"师当下领会，乃复问："如何保任?"悟云："任性逍遥，随缘放旷，但尽凡心，别无胜解。"

师后诣龙潭栖止。德山来谒师，曰："久慕龙潭，到来潭又不见，龙亦不现。"师曰："子亲见龙潭矣。"德山即休。师后佛教广宣，徒学日众。寿八十有六而化。

降魔禪師

降魔禅师

师不知姓氏。初在归宗会下，一夜巡堂大叫云："我大悟！我大悟！"众骇之。明日归宗问曰："汝见甚么道理，敢言大悟？试举似我。"师对曰："师姑天然是女人作。"归宗默然，师便辞去。归宗拈一笠子送之，师接笠子戴头上便行，更不回顾。直诣五台山，见文殊普贤，皆叱之曰："是何精魅？"手持一木剑，自号降魔禅师。见有僧来礼拜，便云："魔来也！魔来也！"即以剑乱挥，云："那个魔魅教汝出家？那个魔魅教汝行脚？道得也剑下死，道不得也剑下死。速道！速道！"僧皆无对。如是十二年，后置剑无言。有僧问云："今却为甚不降魔？"师曰："贼不打贫儿家。"临终有偈云："举手攀南斗，回身倚北辰。出头天外望，谁是我般人？"

俱胝和尚

俱胝和尚

师不知姓氏。尝宴坐一庵，有尼名实际者到庵，戴笠执锡，绕（按："绕"原作"达"，据序刊本改）师三匝，云："道得即拈下笠子。"三问师皆无对，尼便去。师自叹曰："我虽丈夫之形，而无丈夫之气。"拟弃庵往诸方参访，其夜山神告曰："不须去此，将有大菩萨来说法也。"旬日，果天龙和尚到庵。师乃迎礼，具陈前事。天龙竖一指示之，师当下大悟。自此凡有举示，师亦唯举一指，别无提唱。有一童子于外，或人问曰："和尚说何法要？"童子亦竖起指头。归而举似于师，师以刀割断其指，童子叫号出走。师召一声，童子回首，师复竖起指头，童子豁然领解。一日谓众曰："吾得天龙一指头禅，一生用不尽。"言讫示灭。（按：本篇多有脱字，据序刊本补）

藥山惟儼禪師

药山惟俨禅师

师姓韩。年十七，依慧照禅师出家，纳戒于衡岳希操律师。乃自叹云："大丈夫当离法自净，岂能屑屑事细行于布巾耶？"即谒石头，密领宗旨。一日，师坐次，石头问曰："作甚么？"曰："一切不为。"石曰："恁么即闲坐也。"曰："若闲坐即为也。"石曰："汝道不为，却不为个甚么？"曰："千圣亦不识。"石头有时乖语云："言语动用勿交涉。"师曰："不言语动用亦勿交涉。"石曰："这里针扎不入。"师曰："这里石上栽花。"石头然之。

朗州刺史李翱向师玄化，乃躬入山谒之。师执经不顾，翱性褊急，乃言曰："见面不如闻名。"师呼太守，翱应诺。师曰："何得贵耳贱目？"翱因拱手谢之。问曰："如何是道？"师以手指上下云："会么？"翱云："不会。"师曰："云在天，水在瓶。"翱乃欣惬作礼，呈一偈云："炼得身形似鹤形，千株松下两函经。我来问道无余话，云在青天水在瓶。"翱又问："如何是戒定慧？"师曰："贫道这里无此闲家具。"翱莫测玄旨。师曰："太守欲得保任此事，直须向高高山顶坐，深深海底行，闺阁中物舍不得，便为渗漏。"师一夜登山径行，忽云开见月，大笑一声，响闻九十许里。居民迭相讶问，不知何声。李翱赠诗云："选得幽居惬野情，终年无送亦无迎。有时直上孤峰顶，月下披云笑一声。"大和八年，师忽叫云："法堂倒矣！"僧众各持柱撑之。师乃寂然顺世。

船子和尚

船子和尚

师名德诚，在药山会下受戒习法。尝于吴江上泛一小舟，借钓适情，浪迹烟水，去留无定。尝作偈云：“千尺丝编直下垂，一波才动万波随。夜静水寒鱼不饵，满船空载月明归。”又云：“三十年来海上游，水清鱼现不吞钩。钓竿斫尽重栽竹，不计功程便得休。”后弃舟而逝，不知所终。

法明和尚

法明和尚

师不知何许人。落魄嗜酒，佯狂不羁，终日大醉，善唱柳词。人以“醉和尚”称之，师曰：“我醉且醒，君醉奈何?”混俗和光，然实不染一尘。一日，居灵隐寺中，忽谓众曰：“吾当行矣。”乃述一偈云：“平生醉里颠蹶，醉里却有分别。今朝酒醒归何处？杨柳岸晓风残月。”

卷八

无生诀

还初道人自诚氏辑

释迦牟尼佛

法本法无法，无法法亦法。今付无法时，法法何曾法。

摩诃迦叶尊者

法法本来法，无法无非法。何于一法中，有法有不法。

商那和修尊者

非法亦非心，无心亦无法。说是心法时，是法非心法。

优波毱多尊者

心自本来心，本心非有法。有法有本心，非心非本法。

鹤勒那尊者

认得心性时，可说不思议。了了无可得，得时不说知。

菩提达摩大师

在胎为身，在世为人。在眼曰见，在耳曰闻。在鼻辨（按：“辨”原作“办”，据《五灯会元》等改）香，在口谭论。在手执捉，在足运奔。遍现俱该法界，收摄在一微尘。识者知是佛性，不识唤作精魂。

亦不睹恶而生嫌，亦不观善而勤措，亦不舍智而近愚，亦不抛迷而就悟。达大道兮过量，通佛心兮出度。不与凡圣同缠，超然名之曰祖。

迷时人逐法，解时法逐人。解则识摄色，迷则色摄识。但有心分别计较自心现量者，悉皆是梦。若识取心本寂灭，无一动念处，是名正觉。

僧璨大师

华种虽因地，从地种华生。若无人下种，华地尽无生。

至道无难，唯嫌拣择。但莫爱憎，洞然明白。圆同太虚，无欠无余。良由取舍，所以不如。莫逐有缘，莫逐空忍。一种平怀，泯然自尽。止动归动，止更弥动。惟滞两边，宁知一种。一种不通，两处失功。遣有没有，从空皆空。归根得旨，随照失宗。须臾返照，胜却前空。前空转变，皆由妄见。不用求真，唯须息见。二由一有，一亦莫守。一心不生，万法无咎。无咎无法，不生不心。能由境灭，境逐能沉。境由能境，能由境能。欲知两段，元是一空。一空同两，齐含万象。智者无为，愚人自缚。法无异法，妄自爱着。将心用心，岂非大错。迷生寂乱，悟无好恶。一切二边，良用斟酌。梦幻空花，何劳把着。得失是非，一时放却。眼若不睡，诸梦自除。心若不异，万法一如。止动无动，动止无止。两既不成，一何有尔。一即一切，一切即一。但能如是，何虑不毕。

一切无心自性戒，一切无碍自性慧。不增不退自金刚，身去身来本三昧。

不见一法存无见，大似浮云遮日面。不知一法守空知，还如太虚生闪电。此之知见瞥然兴，错认何曾解方便。汝当一念自知非，自己灵光常显见。

弘忍大师

有情来下种，因地果还生。无情既无种，无性亦无生。

慧能大师

菩提本无树，明镜亦非台。本来无一物，何处惹尘埃。

心迷法华转，心悟转法华。诵经久不明，与义作仇家。无念念即正，有念念成邪。有无俱不计，长御白牛车。

定是慧体，慧是定用。即慧之时定在慧，即定之时慧在定。

犹如灯光。有灯即光，无灯即暗。灯是光之体，光是灯之用。名虽有二，体本不殊。

欲求见佛，但识众生。只为众生迷佛，非是佛迷众生。自性若悟，众生是佛。自性若迷，佛是众生。自性平等，众生是佛。自性险邪，佛是（按：“是”原作“自”，据序刊本改）众生。我心自有佛，自佛是真佛。自若无佛心，何处求真佛。（按：此句原无，据序刊本补；序刊本“佛心”作“心佛”，据《六祖大师法宝坛经》改）

故经云：心生种种法生，心灭种种法灭。

凡夫即佛，烦恼即菩提。前念迷即凡夫，后念悟即佛。前念着境即烦恼，后念离境即菩提。

神秀禅师

一切佛法，自心本有。将心外求，舍父逃走。

南岳思大师

道源不远，性海非遥。但向己求，莫从他觅。觅即不得，得亦不真。

天皇悟公

任性逍遥，随缘放旷。但尽凡心，别无圣解。

本净禅师

佛因心悟，心以佛彰。若悟无心，佛亦不有。

道本无心，无心名道。若了无心，无心即道。

见闻知觉无障碍，声香味触常三昧。如鸟空中只么飞，无取（按：“取”原作“敢”，据序刊本改）无舍无憎爱。若会应处本无心，始得名为观自在。

见道方修道，不见复何修。道性如虚空，虚空何所有。遍观修道者，拨火觅浮沤。但看弄傀儡，线断一齐休。

推真真无相，穷妄妄无形。返观推穷心，知心亦假名。

善既从心生，恶岂离心有。善恶是外缘，于心实不有。舍恶送何处，取善令谁守。伤嗟二见人，攀缘两头走。若悟本无心，始悔从前咎。

南阳忠国禅师

青梦夤缘，直上寒松之顶；白云淡泞，出殁太虚之中。万法本闲，而人自闹。

众生迷时，结性成心，犹寒则水凝为冰。众生悟时，释心成性，犹暖则冰涣为水。

法法法元无法，空空空亦不空。静喧语默本来同，梦里何劳说梦。有用用中无用，无功功里施功。还如果熟自然红，莫问如何修种。

盘山积公

心月孤圆，光吞万象。光非照境，境亦非存。光境俱忘，复是何物。

大珠海公

若不随声色动念，不逐相貌生解，自然能无事去。

《般若经》云：九类众生，一身具足，随造随成。是故无明为卵生，烦恼包裹为胎生，爱水浸润为湿生，欻起烦恼为化生。悟即是佛，迷号众生。菩萨以念念心为众生，若了念念心体俱空，名度众生也。智者于自本际上度于未形，未形既空，即知实无众生得灭度者。

善慧大士

有物先天地，无形本寂寥。能为万象主，不逐四时凋。

空手把锄头，步行骑水牛。人从桥上过，桥流水不流。

夜夜抱佛眠，朝朝还共起。起坐镇相随，语默同居止。纤毫不相离，如形影相似。欲识佛去处，只这语声是。

鉴贞禅师

眼光随色尽，耳识逐声消。还源无别旨，昨日与今朝。

夹山密公

心本是佛，因念起而漂沉。岸实不移，因舟行而骛骤。

玄沙备公

镜照诸像，不乱光辉。鸟飞空中，不杂空色。

傅大士

水中盐味，色里胶青。毕竟是有，不见其形。

妄计因成执，迷绳谓是蛇。疑心生暗鬼，病眼见空花。一境虽无异，三人乃见差。了兹名不实，长御白牛车。

法云白公

离朱有意，白浪徒尔滔天。象罔无心，明珠忽然在掌。

永明寿公

如随色之摩尼，众相现而本体不动；似应声之山谷，群响发而起处无心。

孤猿叫落中岩月，野客吟残半夜灯。此境此时谁会得，白云深处坐禅僧。

真心自体，非言所诠。湛如无际之虚空，莹若圆明之净镜。毁赞不及，义理难通。不可以有无处所穷其幽迹，不可以识智言诠谭其妙体。唯有入者，只在心知。如捣万种而为香，爇一尘而具足众气；似入大海而澡浴，掬微滴而已用百川。

见性之时，性本离念，非有念而可除。观物之际，物本无形，非有物而可遣。

满眼见色，满耳闻声。不随不坏，方了色声。正性若随声色之门，即堕凡夫。若坏色声之相，即入小乘。是以如来正眼，普照无遗。岂同凡夫生盲，二乘眇目。则逢缘不碍，触境无生。

庞蕴居士

但愿空诸所有，慎勿实诸所无。

永（按："永"原作"水"，据序刊本改）**明寿公**

真源湛寂，觉海澄清。绝名相之端，无能所之迹。最初不觉，忽起动心。因明起照，随照立尘。如镜现像，顿起根身。从此遗真失性，执相徇名。积滞着之情尘，结相续之识浪。锁真觉于梦夜，沉迷三界之中；瞽智眼于昏衢，匍匐九居之内。向不迁境上虚受轮回，于无脱法中自生系缚。如春蚕作茧，似秋蛾赴灯。以二见妄想之丝，缠苦聚之业质；用无明贪爱之翼，扑生死之火轮。复有邪根外种，小智权机，不了生死之病源，罔知人我之见本。唯欲厌喧斥动，破相析尘。虽云味静冥空，不知埋真拒觉。如不辨眼中之赤眚，但灭灯上之重光；罔穷识内之幻身，空避日中之虚影。斯则劳形役思，丧力捐功。不异足水助冰，投薪益火。岂知重光在眚，虚影随身，除病眼而重光自消，息幻质而虚影当灭。若能回光就己，反境观心，佛眼明而业影空，法身现而尘迹绝。以自觉之智刃，剖开缠内之心珠；用一念之慧锋，斩断尘中之见网。此诚穷心之旨，达识之诠。

慈云慧禅师

片月浸寒潭，微云映碧空。若于达道人，好个真消息。

黄山轮公

投赤水以寻珠，入荆山而觅玉。从门入者，不是家珍。认影迷头，岂非大错。

天衣怀公

雁过长空，影沉寒水。雁无遗踪之意，水无留影之心。

圭峰禅师

用则波腾海沸，全真体以运行。体则鉴明水静，举随缘而会寂。

心无自相，托境方生。境性本空，由心故现。

智真禅师

心本绝尘何用洗，身中无病岂求医。欲知是佛非身处，明鉴高悬未照时。

李长公

十世古今，终始不离于当念；无边刹境，自他不隔于毫端。智凡不碍，状多镜以纳众形；彼此无妨，若千灯而共一室。

天台观公

高超名相，妙体全彰。迥出古今，真机独露。握骊珠而鉴物，物物流辉；掷宝剑以挥空，空空绝迹。

云门侃公

尘劳未破，触境千差。心鉴圆明，丝毫不立。灵光皎皎，独露真常。今古两忘，圣凡双绝。到遮里始能卷舒自在，应用无亏，出没往还，人间天上。

大静禅师

夜间闲坐，心念纷飞。却将纷飞之心，以究纷飞之处。究之无处，则纷飞之念何存？返究究心，则能究之心安在？

能照之智本空，所缘之境亦寂。寂而非寂者，盖无能寂之人也；照而无照者，盖无所照之境也。境智俱寂，心虑安然。此乃还源之要道也。

见物便见心，无物心不现。十分通塞中，真心无不遍。若生知识解，却成颠倒见。睹境能无心，始见菩提面。

永嘉禅师

心与空相应，则讥毁赞誉何忧何喜；身与空相应，则刀割香涂何苦何乐；报与空相应，则施与劫夺何得何失。

心不是有，心不是无。心不非有，心不非无。是有是无即堕是，非有非无即堕非。

绝学无为闲道人，不除（按："除"原作"得"，据序刊本改）妄想不求真。无明实性即佛性，幻化空身即法身。法身觉了无一物，本原自性天真佛（按："佛"原作"物"，据序刊本改）。五阴浮云空去来，三毒水泡虚出没。

寂寂生无记，惺惺生乱想。寂寂虽能治乱想，而还生无记；惺惺虽能治无记，而还生乱想。故曰：惺惺寂寂是，无记寂寂非。寂寂惺惺是，乱想惺惺非。

凡人多于事碍理，境碍心，常欲逃境以安心，遗事以存理。不知乃是心碍境，理碍事，但令心空境自空，理寂事自寂，勿倒用心也。

法融禅师

境缘无好丑，好丑起于心。心若不强名，妄性何处起。妄性既不起，真心任遍知。

慧忠禅师

念想由来幻，真性无终始。若得此中意，长波当自止。

人法双净，善恶两忘。直心真实（按："直心真实"底本作"真心真意"，序刊本作"直心真意"，据《五灯会元》等改），菩提道场。

此法即心，心外无法。此心即法，法外无心。心自无心，亦无无心者。若将心无心，心却反成有。

为有贪嗔痴，故立戒定慧。本无烦恼，焉用菩提。故祖师云：佛说一切法，为除一切心。我无一切心，何用一切法。（按："此法即心"至"何用一切法"，序刊本录于《永嘉禅师》下，《景德传灯录》等记为黄蘖希运断际禅师语）

窦持禅师

悟心容易息心难，息得心源到处闲。斗转星移天欲晓，白云依旧覆青山。

陵郁山主

我有明珠一颗，久被尘劳关锁。今朝尘尽光生，照破山河万朵。

佛日才公

城市喧繁，山林寂静。虽然如此，动静一如，生死不二。四时轮转，物理自然。夏不去而秋自去，风不凉而人自爽。

广慧禅师

佛为无心悟，心因有佛迷。佛心清净处，云外野猿啼。

圆悟禅师

鸟飞空境，鸟过而空中还留影否？鱼游浮境，鱼逝而浮内尚遗迹否？圣心应物，亦复如是。

善胜禅师

扬声止响，不知声是响根；弄影逃形，不知形为影本。以法问法，不知法本无法；以心传心，不知心本无心。

龙济禅师

风动心摇树，云生性起尘。若明今日事，昧却本来人。

翠竹黄花非外境，白云明月露全身。头头尽是吾家物，信手拈来不是尘。

无着禅师

一叶扁舟泛渺茫，呈桡（按：“桡”原作“挠”，据《五灯会元》等改）舞棹别宫商。云山水月都抛却，赢得庄周一梦长。

云驶（按：“驶”原作“駃”，据《古尊宿语录》等改）月运，舟行岸移。不知妄想之云自飞，真月何动；攀缘之舟常泛，觉岸靡移。

宗一禅师

秋潭月影，静夜钟声。随叩击以无亏，触波澜而不散。

开先照禅师

诸人心心不停，念念无住。若能不停处停，念处无念，自合无生之理。

以一散万，月坠万川即万影；收万归一，水归一壶惟一月。展则弥轮法界，收来毫发无端。

玉泉远禅师

一印印空，万象收归古鉴中；一印印水，秋蟾影落千江里；一印印泥，细观文彩未生时。

保宁禅师

三界唯心，万法唯识。槛外云生，檐前雨滴。涧水湛如蓝，山花开似锦。此时若不究根源，直待当来问弥勒。

佛鉴禅师

至道无难，唯嫌采择。桃花红，李花白，谁道融融只一色？紫燕语，黄莺鸣，谁道关关只一声？

明镜当台，岂分静躁？孤云出岫，宁系去留？

因妄说真，真无自相。从真起妄，妄体本虚。妄既归空，真亦不立。

智达禅师

境立心便有，心无境不生。境虚心寂寂，心照境泠泠。

于水镜中见自己像，于灯月中见自己影，于山谷中见自己声。

白圭兆禅师

空中飞鸟，不知空是家乡；水底游鱼，忘却水为性命。诸人请各立地，定着精神，一念回光，豁然自照。何异空中红日，独运无私；盘内明珠，不拨自转。

琳公

其宗也离心意识，其旨（按：“旨”原作“派”，据序刊本改）也超去来今。离心意识，故品万类不见差殊；超去来今，故尽十方更无渗漏。当头不犯，彻底无依。悟向朕兆未生之前，用在功勋不犯之处。

昭觉白师

添一丝毫，如眼中着屑。减一丝毫，似肉上剜疮。

依法不依人，依义不依语，依智不依识，依了经义不依不了经义。

寒便向火，热即摇扇。饥时吃饭，困来打眠。所以道：赵州庭前柏，香岩岭后松。栽来无别用，只为引清风。

云峰濬师

瘦竹长松滴翠香，流风疏月度微凉。不知谁住原西寺，每日钟声送夕阳。

风柯月渚，并可传心。烟岛云林，咸提妙旨。

宝志和尚

妄身临镜照影，影与妄身不殊。但欲去影留身，不知身亦本虚。身本与影不异，不得一有一无。若欲存一舍一，永与真理相疏。更若爱圣憎凡，生死海里沉浮。烦恼因心故有，无心烦恼何居。不劳分别取相，自然得道须臾。

龙牙和尚

在梦那知梦是虚，觉来方觉梦中无。迷时恰是梦中事，悟后还同睡起夫。

寻牛须访迹，学道访无心。迹在牛还在，无心道易寻。

文益禅师

一朵菡萏莲，两株青瘦柏。长向僧家庭，何劳问高格。

同安禅师

枯木岩前差路多，行人到此尽蹉跎。鹭鸶立雪非同色，明月芦花不似他。了了了时无所了，玄玄玄处亦须呵。殷勤为唱玄中曲，空里蟾光可得么。

云顶山僧

闲坐冥然圣莫知，纵言无物比方伊。石人把板云中拍，水女含笙水底吹。若道不闻渠未晓，欲寻其响你还疑。教君唱和仍须和，休问宫商竹与丝。

丹霞和尚

识得衣中宝，无明醉自醒。百骸虽溃散，一物镇长灵。知境浑非体，神珠不定形。悟则三身佛，迷疑万卷经。在心心可测，历耳耳难听。罔象先天地，玄泉出杳冥。本刚非锻炼，元净莫澄渟。盘泊轮朝日，玲珑映晓星。瑞光流不灭，真气触还生。鉴照崆峒寂，罗笼法界明。解语非关舌，能言不是声。绝边弭汗漫，无际等空平。见月非观指，还家莫问程。识心心则佛，何佛更堪成。

通智禅师

真我本有，迷之而无。妄我本无，执之而有。

若要了心，无心可了。无了之心，是名真心。

真妄交彻，即凡心而见佛心。事理双修，依本智而求佛智。

崇化赟师

印空印泥印水，平地寒涛竞起。假饶去就十分，终是灵龟曳尾。

僧澹交题像

图形期自见，自见却伤神。已是梦中梦，更逢身外身。水花凝幻质，墨彩聚空尘。堪笑余兼尔，俱为未了人。

遁庵珠师

玉露垂青草，金风动白蘋。一声寒雁过，唤起未醒人。

如日发焰，带微尘而共红，非实红也。如水澄清，含轻云而俱绿，非实绿也。

山谷公

衲僧命脉，古佛心宗。如净月轮，出则万波分影；如吹毛剑，用则千里无人。

欲火而以戒沃之，嗔火而以定沃之，无明火而以慧沃之。灵泉混混，消除烦躁之衷；智水涓涓，灌溉清凉之俯。千江有水，一轮宝月映寒潭；万井无烟，遍地金风吹冷面。

山堂淳师

埧胝一指头，一毛拔九牛。华岳连天碧，黄河彻底流。截着指，急回眸。青箬笠前无限事，绿蓑衣底一时休。

觉海禅师

碧落净无云，秋空明有月。长江莹如练，清风来不歇。林下道人幽，相看情共悦。虽然，犹是建化门中事，作么生是道人分上事？闲来石上观流水，欲洗禅衣未有尘。

临济禅师

一念心疑（按：“疑”原作“痴”，据序刊本改），被地来碍。一念心爱，被水来溺。一念心嗔，被火来焚。一念心喜，被风来飘。若能如是辨得，不被境转，便处处用境。

才涉唇吻，便落意思。直饶透脱，犹在沉沦。终日吃饭，未曾咬着一粒米。终日穿衣，未曾挂着一丝头。才能变大地为黄金，搅长河为酥酪。

法为禅师

法身无相，不可以声音求；妙道无言，不可以文字会。纵使超佛越祖，犹落阶梯；直饶说妙谭玄，终挂唇齿。须是功勋不犯，影迹不留。枯木寒岩，更无津润。幻人木马，情识皆空。方能垂手入鄽，转身异类。却不道：无漏国中留不住，却来烟坞卧寒沙。

法常禅师

佛体本无为，迷情妄分别。法身等虚空，未曾有生灭。有缘佛出世，无缘佛入灭。处处化众生，犹如水中月。非常亦非断，非生亦非灭。生亦未曾生，灭亦未曾灭。了见无心处，自然无法说。

报恩逸公

演若达多认影迷头，岂不担头觅头。正迷之时，头且不失，及乎悟去，亦不为得。何以故？人迷谓之失，人悟谓之得。得失在乎人，何关于动静。

清凉国师

至道本乎其心，心法本乎无住。无住心体，性相寂然。非有非空，不生不灭。求之而不得，弃之而不离。迷现量则惑苦纷然，悟真性则空明廓彻。虽即心即佛，唯证者方知。然有证有知，则慧日沉没于有地；若无照无悟，则昏云掩蔽于空门。惟一念不生，则前后际断，照体独立，物我皆如。然迷悟更依，真妄相待。若求真去妄，犹弃影劳形。若体妄即真，似处阴息影。若无心妄照，则妄虑都捐。若任运寂知，则众行爰起。是以悟寂无寂，真知无知。以知寂不二之一心，契空有双融之妙理。无住无着，莫摄莫收，是非两忘，能所双绝。斯绝亦寂，则般若现前。心心作佛，无一心而非佛心；处处成道，无一尘而非佛国。故真妄物我，举一全收，心佛众生，浑然齐致。是知迷则人随于法，法法万差，而人不同；悟则法随于人，人人一智，而融万境。言穷虑绝，何果何因？体本寂寥，孰同孰异？唯忘怀虚朗，消息冲融。其犹透水月华，虚而可见，无心鉴像，照而常空矣。

法真禅师

柳色含烟，春光回秀。一峰孤峻，万卉争妍。白云澹泞已无心，满目青山元不动。渔翁垂钓，一溪寒色未曾消；野渡无人，万古碧潭清似镜。

补遗

王子乔

王子乔，周灵王太子晋也。好吹笙，作凤鸣。游伊洛之间，道人浮丘公接晋上嵩高山。三十余年后，见柏良，谓曰：“可告我家，七月七日待我于缑山头。”至期，果乘白鹤驻山头，可望不可到。俯首谢时人，数日方去。后立祠缑氏山下。

太山老父

太山老父者，莫知其姓名。汉武帝东巡狩，见老父锄于道间，状如五十许人，而面若童子，头上白光高数尺。怪而问之，老父答曰："臣年八十五时，衰老垂死，头白齿落。有道士教臣绝谷服术饮水，并作神枕，枕中有三十二物，其二十四物以象二十四气，其八物以应八风。臣导行之，转老为少，发白更黑，齿落更生，日行三百里。臣今年八十矣。"武帝爱其方，赐之金帛。老父后入太山中，或十年五年一还乡里，三百余年乃不复还也。

刘海蟾

刘玄英，号海蟾子。明经事，燕主刘守光为相。雅喜性命，钦崇黄老。一日，忽有道人自称正阳子来谒，海蟾邀坐堂上，待以宾礼。道人为演清静无为之宗、金液还丹之要，既竟，乃索鸡卵十枚，金钱十文，以一文置之几上，累十卵于金钱，若浮图之状。海蟾惊异之，曰："危哉！"道人曰："人居荣禄之场，履忧患之地，其危殆甚。"复尽以其钱劈破掷之，遂辞去。海蟾繇此大悟，遂解印辞朝，易服从道，遁迹终南山下。丹成尸解，有白气自顶门出，化鹤冲天。

黄安

黄安，代郡人。年万岁余，貌若童子。常服硃砂，举身皆赤，不着衣，坐一神龟广二尺。时人问安："坐龟几年?"曰："三千岁乃一出头，我得龟以来，已五出头矣。"行则负龟而趋。汉武帝闻其异，乃与论虚无神仙之事，帝每屈礼焉。及封泰山，诏董谒、李克、孟岐、郭琼、黄安五人同辇，谓之仙臣。帝崩后不知所之。

浮丘伯

浮丘伯，姓李。隐居嵩山，服黄精二十年，发白返黑，齿落更生。久之道成，白日飞升。尝作《原道歌》云：“虎伏龙亦藏，龙藏先伏虎。但毕河车功，不用提防拒。诸子学飞仙，狂迷不得住。左右得君臣，四物相念护。乾坤法象成，自有真人顾。”

麻衣子

麻衣子，姓李名和。生而绀发美姿。稍长，厌世秽腐，遂入终南山。忽遇一道者，授以道秘，戒之曰："南阳之间，湍水之阳。有山灵堂，岩洞其旁，神开汝乡。汝则往之，可以翕神于苍茫。"麻衣往求之，遇樵者导其处，居洞中十有九年。晋义熙间大旱，居民张奭率众请雨，麻衣以无术答之，请者不辍。是夕，有少年十二人谓麻衣曰："若再请，但许之。"麻衣怪而诺之。翌日，果大雨。十二人复来拜曰："吾属龙也。上帝以师道业成，令辅师行化耳。"刘宋大明初年，百有一岁，俨坐而尸解。

葛仙公

葛玄，字孝先，丹阳句容人，号曰葛仙公。从左慈受丹液仙经。尝与客食，言及变化之事。客曰："愿先生作一事为戏。"玄曰："君得无促促欲有所见乎？"乃嗽口中饭，尽成大蜂数百，集客身。有间，玄张口，蜂皆飞入，嚼之，是旧饭也。能指石人使行，指虾蟆及诸昆虫燕雀之属，歌舞弦节，皆如人状。或宴客，冬设生瓜枣，夏致冰雪，无人传杯，杯自至前，如酒不尽，杯不去也。

晋武帝召问，曰："百姓思雨，可致乎？"玄曰："易耳。"乃书符著社中，俄顷大雨。偶行遇一神庙，凡过者离百步下车，否则有警。仙公乃命车直趋，辄大风骤起，尘埃蔽天。仙公怒曰："小邪敢尔！"乃书一符，令从者投庙中，庙屋自焚。过武康，见一人家病作，请巫祀妖邪。邪附巫者，与仙公饮，仙公故不饮，而妖邪出语不逊。仙公厉声叱曰："奸鬼敢尔！"敕五伯拽妖邪头附柱，鞭背出血流地，妖邪伏罪乃止。过华阴，见一士人溺于蛇精。仙公化作一田夫，驱黄犊而耕，因说士人曰："汝妇蛇精也，前后啖人，不计其数。"士人不之信，乃引士人看古井，井中白骨盈积，士人恐。遂教士人密窥其迹，士人乃窥之，果蛇也。仙公禁而斩之，即以一符与士人服，即泻下蚯蚓虾蟆之类无数，遂得全生。尝在荆门军紫盖山修炼。值天寒大冻，仙公跣足，衣衫褴褛。时有屈家二女，偶见怜之，夤夜促成双履，次日献之，仙公已去，但存炉灰尚温。二女拨灰，得丹一粒。姊妹分而服之，自后神气冲冲，不饥不渴，时人咸谓得仙矣。尝从吴主各船行至三江口，遇风，船多漂没，仙公船亦不知所在。吴主叹曰："葛仙公有道，何不能免此？"逾宿，忽见仙公水上步来，既至，尚有酒态。谢曰："昨伍子胥强邀留饮，是以淹屈陛下。"

尝于西峰右壁上石臼之中捣药，遗坠一粟许，有飞禽遇而食之，遂得不死。至今月白风清之夜，其禽犹作丁当杵臼之声，名曰捣药鸟。仙人琴高闻仙公得道，自东海跨双鲤来访。仙公与之酣饮，既醉，高卧白云间。酒醒，双鲤化为石矣。仙公赠以双鹤，跨之而还，石至今存。尝有客从仙公泛舟，见囊中有十数符，客曰："此符验可见不?"仙公即取一符投水中，逐水而下，客曰："常人投之亦然。"仙公复取一符投之，逆水而上，客曰："异矣。"仙公复取一符投之，即不上不下，须臾上符下符会于中流，良久收之。又于水滨见鬻大鱼者，谓鱼主曰："欲假此鱼到河伯。"鱼者曰："已死矣。"曰："亦可。"以丹书纸纳鱼口中，投于水，跃然而去。如此神异，不能尽述。后仙去。

张三丰

张三丰，辽东懿州人，名君宝，字玄玄。生有异香，龟形鹤骨，大耳圆目，身长七尺，须髯如戟，顶作一髻，手持刀尺，一笠一衲，寒暑御之，不饰边幅，人目为张邋遢。日行千里，静则瞑目，旬日所啖，斗升辄尽，或辟谷数月，自若也。元末居宝鸡金台观，留颂辞世而逝。土人杨轩山置棺殓讫，临窆发视之复生，乃入蜀。洪武初，至太和山修炼，结庵于玉虚宫。庵前古木五株，尝栖其下，久则猛兽不距，鸷鸟不搏，人益异之。后入武当，常语乡人云："兹山异日当大显于时。"居二十三年，拂袖游方而去。

商那和修尊者

尊者姓毗舍多，在胎六年而生。先是，如来行化至摩突（按："突"原作"空"，据《五灯会元》等改）罗国，见一青林，枝叶茂盛，语阿难曰："此地百年后，当有比丘善人，于此转妙法轮。"后百年，果诞和修。出家证道，一日游吒利国，得优婆毱多，以为给侍。因问曰："汝年几耶?"答曰："我年十七。"师曰："汝身十七，性十七耶?"答曰："师发已白，为发白耶，为心白耶?"师曰："我但发白，非心白也。"答曰："我身十七，非性十七也。"师知是法器，遂以偈授云："非法亦非心，无心亦无法。说是心法时，是法非心法。"后隐于罽宾国南象白山中。见毱多五百徒众皆依教奉行，俱证无漏，乃化火光三昧，用焚其身。时宣王二十三年也。

胁尊者

尊者本名难生。后值伏驼尊者，执侍左右。未尝睡眠，谓胁不至席，遂号胁尊者焉。将诞时，父梦一白象，背有宝座，座上安一明珠，从门而入，光照四众，既觉遂生。后受法。行化至华氏国，憩一树下。时有长者一子名富那夜奢，合掌前立。尊者问："汝从何来?"答曰："我心非往。"尊者曰："汝何处住?"答曰："我心非止。"尊者曰："汝不定耶?"曰："诸佛亦然。"尊者曰："汝非诸佛。"曰："诸佛亦非。"尊者乃曰："如来大法眼藏，今付于汝，汝谨护之。"授偈曰："真体自然真，因真说有理。领得真真法，无行亦无止。"付法讫，即入涅槃，化火自焚。时贞王二十二年。

慧可大师

师姓姬氏。其母一夕感异光照室，因而怀妊。及生，遂名曰光。自幼博览三乘遗书，好游山水。受戒于香山宝静禅师。终日宴坐，一日忽于寂默中见一神人，谓曰："将欲证果，何滞此耶？大道匪遥，汝其南矣。"翊日，光觉头痛如刺，其师欲治之，空中有声曰："此换骨耳。"师视其顶，果如五峰秀出。因谓曰："神命汝南者，其少林达磨大师乎？"光遂造少室，因而得法受衣。讲法于少林寺，天女为之散花。

自是继阐玄风，博求法嗣。有一居士，年逾四十，不言名氏，来问师曰："弟子身缠夙恙，敢请和尚忏罪。"师曰："将罪来忏。"居士良久云："觅罪了不可得。"师曰："与汝忏罪竟。"僧（按："僧"据《五灯会元》等应为"士"）曰："今见和尚，已知是僧。未审何为佛法？"师曰："是心是佛，是心是法，佛法无二，僧宝亦然。"居士领悟，师遂深器之，曰："是吾宝也，宜名僧璨。"因以正法授之。师付法已，因念达磨旧记，当有宿累，遂韬光混迹，变易姓名，或隐入酒肆，或寄寓屠门。人问之曰："师是道人，何故乃尔？"师曰："我自调心，何关汝事？"后果为同类诬于莞城邑宰，加以非法，祖遂恬然委顺。时年一百七岁，即隋文帝十三年也。

弘忍大师

师姓周氏，生而岐嶷。遇信大师得法，嗣化于破头山。咸亨中，有一居士，姓卢名慧能，来参谒。师曰：“汝自何来？”曰：“岭南。”师曰：“来求何事？”曰：“求作佛。”师曰：“岭南人无佛性，若为得佛？”曰：“人有南北，佛性岂异？”师知其异，故诃曰：“入槽厂去。”能礼足而退。入碓坊，服劳八月，昼夜不息。一日，师知付授时至，乃令徒众各自随意述偈。时有上座神秀者，众所宗仰，乃于廊壁书一偈云：“身是菩提树，心如明镜台。时时勤拂拭，莫遣有尘埃。”师见偈，乃赞叹曰：“依此修行，亦得胜果。”能在碓坊，忽聆诵偈，良久曰：“美则美矣，了则未了。”同学咸以狂诃之，能曰：“子不信耶？愿和一偈。”同学相视而笑。能至夜，秉烛密托一童书一偈于旁，云：“菩提本非树，明镜亦非台。本来无一物，何假拂尘埃。”大师见偈，至夜，乃令人潜召慧能入室，告曰：“诸佛出世为一大事，无上正法传授二十八世，至达磨尊者，始来此土。吾今传授于汝，汝善护持。听吾偈曰：有情来下种，因地果还生。无情既无种，无性亦无生。”能跪而受之。师曰：“汝当远隐，俟时行化。所谓授衣之人，命如悬丝也。”能曰：“当隐何所？”师曰：“逢怀即止，遇会且藏。”能礼足而出，是夜南迈。大众悬知彼得衣法，即共奔逐。师经四载，入室安坐而逝，寿七十有四。

丹霞天然禅师

师不知何许人。初习儒业，将入长安应举。宿逆旅间，遇一禅客，问云："仁者何往?"曰："选官去。"客云："选官何如选佛?"曰："选佛当往何所?"客云："今江西马大师是选佛场也。"师因直抵江西，谒马师。师顾视良久，云："南岳石头，是汝师也。"师遽游南岳，以前意投之石头。石头云："着槽厂去。"师礼谢，入行者房，随次执役三年。忽一日，石头示众云："来日划佛殿前草。"次日，大众各备锹镬划草，独师以盆盛水净头，于和尚前胡跪。石头见而笑之，便与落发，又为授戒，师乃掩耳而出。复往江西，再谒马师。马师因为更名曰天然。乃杖锡观方，时至慧林寺，遇天大寒，师取木佛焚之。人或谓师，师曰："吾烧取舍利。"以长庆四年，告门人云："吾欲行矣。"乃戴笠策杖授履，垂一足未及地而化。

普化和尚

师不知何许人氏。佯狂无度，手持一铎，凡见人，无高下，皆振铎一声。时号普化和尚。尝振铎云："明头来也打，暗头来也打。"一日，临济令僧捉住云："不明不暗时如何?"师曰："来日大悲院有斋。"或暮入临济院，手持生菜啖之。临济曰："这汉大似一头驴。"师便作驴鸣数声，临济乃休。一日与河阳木塔长老在僧堂，闲云："普化每日在街市中掣风掣颠，知他是凡是圣?"言未了，师适入来，济便问之。师云："汝且道我是凡是圣?"济便喝。师以手指之，云："河阳新妇子，木塔老婆禅。临济小厮儿，却具一只眼。"济云："这贼。"师云："贼！贼!"便出去。又尝于阛阓间摇铎唱曰："觅个去处不可得。"时道吾遇之，问曰："汝拟向什么处去?"师曰："汝从什么处来?"道吾无语，师掣手便去。

咸通间，师将示灭。乃振铎入市，谓众曰："乞一个直裰。"或与披袄，或与布裘，并不受。后临济令人以一棺送之，师笑曰："临济小儿饶舌。"遂受之。明日，自擎棺出城北门，振铎入棺而逝。郡人奔往，揭棺视之不见，唯闻铎声渐远，莫测其由。

道吾和尚

师气度风洒，脱尽尘凡。尝顶一莲花笠子，披襕执简，击鼓吹笛，口称鲁三郎。尝自云："打动关南鼓，唱起德山歌。"先参道常禅师，印其所解。后游德山门下，法味益精。或时执一竹如意，横在肩上作舞。僧问："手中如意从甚处得来？"师掷于地，僧因拾起，复置师手中。师曰："从甚处得来？"僧无对。师自拈起，复横肩上，作舞而去。

《长生诠》补遗

杜道坚

至道不远兮，恒在目前。窃天地之机兮，修成胎仙。妙莫妙兮，凝吾之神。安以待之兮，若存而绵绵。黄帝求玄珠兮，象罔乃得。此理可心会兮，非言所传。虚极静笃兮，恍惚变化。细缊蟠媾兮，如烟云之回旋。龙吟虎啸兮，铅汞交结。依时采取兮，进火烹煎。剑挂南宫，闭固神室。炼成五色石兮，补自己之青天。结胎片饷兮，运火一年。如灵鸡之抱卵兮，万虑俱捐。转天根月窟之关键兮，往来上下。融融液液兮，真气周匝乎三回。勤而行之，勿计得丧。累土成层台兮，积涓流而成川。机缘难偶兮，时不待人。下手速兮，慎毋待霜雪之满巅。

许真人

未开关，空打坐，无有麦子推甚磨。枉劳神，空错过，生死轮回躲不过。开得关，透得锁，三车搬运真水火。涌泉直至泥丸宫，纵横自在都由我。关未开，锁未动，休胡扭捏莫胡弄。自己性命固不得，却去人间说铅汞。人人本有三关路，夹脊双关透顶门，修行正路此为根。华池神水频吞咽，紫府元君逆上搬。常使气冲关节透，自然精满谷神存。只愿谷神长不死，世间都是寿长人。

薛真人

修养工夫颠倒颠，行持造化坎离先。池中玉液频频咽，肘后金精转转还。玄中妙，妙中玄，得此神丹益寿年。谷关紧锁真消息，便是人间不老仙。

逍遥子

父母未生前，与母共相连。十月胎在腹，能动不能言。昼夜母呼吸，往来通我玄。无情生有情，虚灵彻洞天。剪断脐带子，一点落根源。性命归真土，此处觅真铅。时时防意马，刻刻锁心猿。迷失当来路，轮回苦万千。若遇明师指，说破妙中玄。都来二十句，端的上青天。

丹田完固气归根，气聚神凝道合真。久视定须从此始，莫教虚度好光阴。

却老扶衰别有方，不须身外觅阴阳。玉关谨守尝渊默，气固神完寿自康。

摄生要旨

眼者神之牖，鼻者气之户，尾闾者精之路。人多视则神耗，多息则气虚，多嗜欲则精竭。务须闭目以养神，调息以养气，坚闭下元以养精。精充则气裕，气裕则神完，是谓道家三宝。

觉与阳合，寐与阴并。觉多则魂强，寐久则魄壮。魂强者生之人，魄壮者死之徒也。故善养生者，必餐元和，减滋味。使神清气爽，昼夜常醒，是乃长生之道。

去暴怒以养性，少思虑以养神，省言语以养气，绝嗜欲以养精。

玄关杂纪

昔有行道人，陌上见三叟。年各百岁余，相与锄禾莠。往拜再三问，何以得此寿？上叟前致词：室内姬粗丑。二叟前致词：夜饭减数口。下叟前致词：暮卧不覆首。旨哉三叟言，所以寿长久。

口中言少，心头事少，肚中食少，夜间睡少。依此四少，神仙可了。

内养真诠

老子曰：绵绵若存。谓之存，则常在矣；谓之若，则非存矣。故道家宗旨，以空洞无涯为元窍，以知而不守为法则，以一念不起为功夫。检尽丹经，总不出此。

气欲柔不欲强，欲顺不欲逆，欲定不欲乱，欲聚不欲散。故道家最忌嗔心，嗔心一发，则气强而不柔，逆而不顺，乱而不定，散而不聚矣。修道者须如光风霁月、景星庆云，无一毫乖戾之气，而后可行功用力。

修真秘录

人心久任之则浩荡而忘返，顿栖之又超跃而无垠。任之则蔽乎我性，栖之则劳乎我神。致静者奚方而静？盖心本至宁，感物而动，既习动而播迁，亦习静而恬晏。故善习静者，将躁而制之以宁，将邪而闲之以正，将求而抑之以恬，将浊而澄之以清。优哉游哉，不欲不营。行于是，止于是，造次于是，逍遥于是。久之则物冥于外，神鉴于内，不思静而自静矣。

修真之士，先要降心。若不降心，焉能见性？既不见性，何以立命？性命不备，安得成真？故降得一分欲心，便存得一分道心。

心为五阳之主，肾为五阴之主。五阴升而为水，五阳降而为火。而脐在人身之中，名曰中宫命府，包藏精髓，贯通气脉。善养者自离进坎填离，心息相依，使二气相交，水火既济，自然一气纯阳，身轻体健。

婴儿之在母胎也，母呼亦呼，母吸亦吸，口鼻皆闭，而唯以脐通焉。及其生也，剪去脐蒂，则一点真元之气，聚于脐下。故脐者，生之根，气之蒂也。人能虚心凝神，回光内照，于真人呼吸处，随其上下，顺其自然而存之。心与息相依，神与气相守，念念相续，打成一片，自然神气归根，性命合一。

人在气中，如鱼在水中。水以养鱼，而鱼不知。气以养人，而人不觉。养气者须自调息始。调息之法，先静坐澄心，宛若禅寂。以目视鼻，以鼻对脐，调匀呼吸，勿令喘急。吸时气自下而上，呼时气自上而下。一上一下，若存若亡，毋令间断，亦毋令矜持。但随其出入，少加调停尔。

人身元神，常在于目。五藏精华，亦聚于目。考《阴符经》曰机在目，《道德经》曰不见可欲使心不乱。是以内养之法，常要两目垂帘，回光自照，降心火于丹田，使神藏于渊，不致外驰，自然神气相抱，长生可期。

冬至小参文

身中一宝，隐在丹田。轻如密雾，澹似飞烟。上至泥丸，下及涌泉。乍聚乍散，或方或圆。表里莹彻，左右回旋。遇阴入地，逢阳升天。金翁采汞，姹女擒铅。依时运用，就内烹煎。冬至之后，夏至之前。金鼎汤沸，玉炉火燃。龙吟东岳，虎啸西川。黄婆无为，丁公默然。身中夫妇，云雨交欢。天一生水，在乎清源。离己坎戊，以土为先。土中有火，妙在心传。如龙养珠，波涵玉渊。如鸡抱卵，暖气绵绵。磁石吸铁，自然通连。花蒂含实，核中气全。不守之守，如一物存。始由乎坎，终至乎乾。卯酉沐浴，进退抽添。有文有武，可陶可甄。圣胎既就，一镞三关。却使河车，运水登山。三尸六贼，胆碎心寒。银盂盛雪，一色同观。玉壶涵水，即成大还。一声雷电，人在顶门。青霄万里，蟾光一轮。

冬至词

因看斗柄运周天，顿悟神仙妙诀。一点真阳生坎位，点却离宫之缺。造化无声，水中起火，妙在虚危穴。今年冬至，梅花依旧凝雪。

先圣此日闭关，不通来往，都为群生设。物物含生意，正在子初亥末。自古乾坤，这些离坎，日日无休歇。如今识破，金乌飞入蟾阙。

玄牝歌

华池神水天地根，炼之饵之命长生。自古神仙无别说，皆因玄牝入真门。借问如何是玄牝？婴儿未生先两肾。两肾中间一点明，逆则丹成顺成人。一阳起处便下手，黑中取白无中有。一时身内长黄芽，九载三年徒自守。世人若识真玄牝，不在心兮不在肾。穷取生身受气初，莫怪天机轻泄尽。

修真口诀

修真之要，只在性命两字。离了性命，便是旁门。世人不知何者为养性，洞宾以炼心晓之。不知何者为立命，张许以伏气喻之。心无所住，方是真如，此养性也。气入身来，沉归元海，此立命也。道家以精气神三宝为丹头，然炼精之要在乎身，身不动则无欲而精全。炼气之要在乎心，心不动则无念而气全。炼神之要在乎意，意不动则身心合而返虚故神全。是故精气神为三元药物，身心意为三元至要。

《无生诀》补遗

云岩禅师

一翳在目，千华乱空。一妄在心，恒沙生灭。翳阴华尽，妄灭真存。病差药除，冰融水在。

飙谷投响则毁誉共销，月池浸色则物我俱谢。

在欲浑无欲，居尘不染尘。百花丛内过，一叶不黏身。

景岑禅师

碍处非墙壁，通处没虚空。若人如是解，心色本来同。

晦堂禅师

愚人除境不除心，智者除心不除境。不知心境本如如，触目遇缘常镇定。

南台和尚

南台静坐一炉香，终日凝然万虑忘。不是息心除妄息（按：“息”，《五灯会元》等作“想”），都缘无事可思量。

宗一禅师

美玉藏顽石，莲华出淤泥。须知烦恼处，悟即是菩提。

曰空只为破有，曰有亦以除空。亦复以有息有，以空消空。乃至言语道断，心思路绝。尚不名空，何曾号有？

仲宣禅师

凡圣本来不二，迷悟岂有殊途？非涅槃之可欣，非生死之可厌。但能一言了悟，不起坐而印证无生；一念回光，不举步而遍周沙界。

感而遂通，犹蟾光之映水；静而善应，若空谷之随声。

论佛性则空，论佛心则实。有此实心，斯佛性不为顽空；有此空性，斯佛心不为着象。

绍悟禅师

一重山尽一重山，坐断孤峰子细看。云卷雾收山岳静，楚天空阔一轮寒。

智闲禅师

秋月之辉，离喧始见。寒泉之响，入定乃闻。故动念失觉，息念冥真。

种福果于耳根，开觉花于心地。

有为虽伪，弃之则佛道难成；无为虽真，执之则慧性不朗。

孤峰长老

日用无非道心，安即是禅。幽栖云壑底，梦寐雪蓬边。

惟宽禅师

真修者不得勤，不得忘。勤即近执着，忘即落无明。

万沤起而复破，水性常存；千灯明而复灭，火性原在。忘情之心，不住于相。如汤消冰，冰汤俱尽，无可分别。触境之心，未能不动。如谷应声，即应即止，无复有余。

从谂禅师

如明珠在掌，胡来胡现，汉来汉现。把一枝草为丈六金身用，把丈六金身为一枝草用。

智明禅师题像

雨洗澹红桃萼嫩，风摇浅碧柳丝轻。白云影里怪石露，绿水光中古木清。噫！你是何人？

牧正禅师

华开垅上，柳绽堤边。黄鸟调叔夜之琴，芳草入谢公之句。何必见色明心，闻声悟道。非惟水上觅沤，已是眼中着屑。

迷时须假三乘教，悟后方知一字无。

堕灶和尚

镜凹照人瘦，镜凸照人肥。不如打破镜，还我旧面皮。

断际禅师

念非忘尘而不息，尘非息念而不忘。忘尘而息，息无能息。息念而忘，忘无所忘。

夫妄非愚出，真不智生。达妄名真，迷真曰妄。岂有妄随愚变，真逐智回。真妄不差，智愚自异耳。故观师云：迷真妄念生，悟真妄即止。

理明则言语道断，何言之能议？旨会则心行处灭，何观之能思？故天台云：口欲言而辞丧，心欲思而虑忘。

法法虚融，心心寂灭。本自非有，谁强言无。何喧扰之可喧，何寂静之可寂。若知物我冥一，彼此无非道场。何必徇喧杂于人间，散寂寞于空谷？是以释动求静者，憎枷爱杻也；离怨求亲者，厌槛欣笼也。

若以知知寂，此非无缘知。如手执如意，非无如意手。若以自知知，亦非无缘知。如手自作拳，非是不拳手。亦不知寂寂，亦不自知知。不可为无知，自性了然故。不同于木石，手不执如意。亦不自作拳，不可为无手。以手安然故，不同于兔角。

前际无烦恼可除，中际无自性可守，后际无佛可成，是谓三际断绝，是谓三业清凉。

我一举心，已属过去。我心未举，方明未来。非未来心，即过去心。现在之心，复在何处？学者知一念才起，了不可得，是过去佛。过去不有，未来亦空，是未来佛。即今念念不住，是现在佛。念念相应，即念念成佛。此是最初方便之门。

慧日禅师

一趯趯翻四大海，一拳拳倒须弥山。佛祖位中留不住，又吹鱼笛泊罗湾。

不用求心，唯须息见。三祖太师，虽然回避金钩，殊不知已吞红线。慧日且不然。不用求真并息见，倒骑牛兮入佛殿。牧笛一声天地宽，稽首瞿昙真个黄面。

布袋和尚

我有一布袋，虚空无罣碍。展开遍十方，入时观自在。

一钵千家饭，孤身万里游。青目睹人少，问路白云头。

白杨顺师

好事堆堆叠叠来，不须造作与安排。落林黄叶水推去，横谷白云风卷回。寒雁一声情念断，霜钟才动我山摧。白杨更有过人处，尽夜寒炉拨元灰。

僧润

了妄归真万累空，河沙凡圣本来同。迷来尽是蛾投焰，悟去方如鹤去笼。片月影分千涧水，孤松声任四时风。直须密契心心地，始悟生平睡梦中。

黄龙和尚

古人一切方便，与诸人开个入路。既得个入路，又须寻个出路。登山须到顶，入海须到底。登山不到顶，不知宇宙之宽；入海不到底，不知沧海之深。既知宽广，又知浅深。一趯趯翻四大海，一掴掴倒须弥山。撒手到家人不识，鹊噪鸦鸣柏树间。

安丕师

孤峰迥秀，不挂烟罗。片月行空，白云自在。

见性不留佛，悟道不存师。

对眼根之尘，如见梦时物，如观幻化像。对耳根之尘，如闻空中风，如听禽鸟语。对意根之尘，如汤释冰雪，如冶销金铁。

自在禅师

即心即佛是无病求病句，非心非佛是药病对治句。

除乱而不灭照，守静而不著空。行之有常，自得真见。

不著色则著空，何以能非色非空？不住有则住无，安足道不有不无？

无念禅师

念本非有，念不必无。知是义者，是名无念。如人迷故，谓东为西，方实不转。无明迷故，谓心为念，心实不动。

无牵缠者，即为解脱。除烦恼者，便获清凉。见五蕴皆空，为深般若。得一心寂灭，是大涅槃。

大茅和尚

欲识诸佛性，向众生心行中识取。欲识不凋性，向万物变迁时识取。

起心欲息知，心起知更烦。若知知本空，知即众妙门。

从悦禅师

耳目一何清，端居幽谷里。秋风入古松，秋月生寒水。衲僧于此更求真，两个猢狲垂四尾。

自性无所，无所曰寂。人唯逐于前尘，念念相续，故不能当念而寂。回光返照，本地风光，瞥尔现前。一可忘，六可消矣。

性空庵主

心法双忘犹隔妄，色尘不二尚余尘。百鸟不来春又过，不知谁是住庵人。

真俗双泯，二谛恒存。空有两忘，一味常显。良以真空未尝不有，即有以辨于空；幻有未始不空，即空以明于有。不空之空，空而非断；不有之有，有而不常。四执既亡，百非斯遣。

水庵一禅师

藏身无迹更无藏，脱体无依便厮当。古镜不劳还自照，澹烟和雾湿秋光。

证空便为实，执我乃成虚。对病应施药，无病药还除。

长庆和尚

入道之门，须用止观二法。夫理障碍，正知见事障，续诸生死。非大观之法，安能除理障；非大止之法，安能险事障？

因心悟道，道本非心。因目成明，明原非目。绝妄想而离执着，原其所无；见德性而证如来，本其所有。以其所无之理，解脱一切诸缠缚；以其所有之明，照破一切诸昏暗。则是大明一慧日矣。

圆觉禅师

遣迷求悟，不知迷是悟之钳鎚；爱圣憎凡，不知凡是圣之炉鞴。只如圣凡双泯，迷悟两忘。又作么道：半夜彩霞笼玉像，天明峰顶五云遮。

黄蘗禅师

日升之时，明遍天下，虚空未曾明。日没之时，暗遍天下，虚空未曾暗。明暗之境，自相凌夺。虚空之性，廓然自如。佛及众生心亦如是。若观佛作清净光明相，观众生作垢浊暗昧相，历河沙劫，终不得菩提。

凡人皆逐境生心。若欲无境，当忘其心。心忘则境空，境空则妄灭。见善来相迎，亦无喜心；见恶相种种，亦无怖念。但自忘心，同于法界，方得自在。

心无不存之谓照，欲无不泯之谓忘。忘与照一而二，二而一。当忘之时，其心湛然，未尝不照；当照之时，纤尘不立，未尝不忘。此真忘真照也。

张拙秀才

光明寂照遍河沙，凡圣含灵共我家。一念不生全体现，六根才动被云遮。断除烦恼重增病，趋向真如总是邪。随顺众缘无罣碍，涅槃生死是空华。

南华禺师

求生本自无生，畏灭何曾暂灭。眼见不如耳见，口说争似鼻说。

水中捉月，镜里寻头，刻舟求剑，骑牛觅牛，空华阳焰，梦幻浮沤，一笔勾下，要休便休。巳歌社酒村田乐，不风流处自风流。

佛与众生，原无分别。悟者心能转物，物物归心，即是诸佛。迷者背心向物，妄随物转，即是众生。

无垢子

三世诸佛，尽在自己身中。因气息所昧，境物所转，便自迷了。若于心无心，便是过去佛；寂然不动，便是未来佛；随机应物，便是现在佛；清净无染，便是离垢佛；出入无碍，便是神通佛；到处优游，便是自在佛；一心不昧，便是光明佛；道念坚固，便是不坏佛。变化多方，唯一真尔。

法常禅师

佛从无为来，灭向无为去。法身等虚空，常住无心处。有念归无念，有住归无住。来为众生来，去为众生去。清净真如海，湛然体常住。智者善思惟，更勿生疑虑。

希明禅师

林叶纷纷落，乾坤报早秋。分别西祖意，何用更驰求。若人深明此旨，洞达其源，乃知动静施为，行住坐卧，头头合道，念念朝宗。祖不云乎：迷生寂乱，悟无好恶，得失是非，一时放却。如是则谁是谁非，谁迷谁悟？自是诸人独生异见，观大观小，执有执无。灵根独耀，不肯承当。心月孤圆，自生违背。何异家中舍父，衣内忘珠？致使菩提路上，荆棘成林；解脱空中，迷云蔽日。

兜率禅师

龙安山下，道路纵横。兜率宫中，楼阁重叠。虽非天上，不是人间。到者安心，全忘诸念。善行者不移双足，善入者不动双扉。自能笑傲烟梦，谁管坐消岁月。虽然如是，且道还有向上事也无？良久曰：莫教推落岩前石，打破下方盖日云。

道英禅师

据道而论，语也不得，默也不得。直饶语默两忘，亦没交涉。何故？古佛光明，先德风彩，一一从无欲无依中发现。或时孤峻峭拔，竟不可拔；或时含融混合，了无所睹。终不桩定一处，亦不系系两头。无是无不是，无非无不非。得亦无所得，失亦无所失。不曾隔越纤毫，不曾移易丝发。明明古路，不属玄微。睹面擎来，瞥然便过。不居正位，岂落邪途。不趋大方，那蹈小径。回首不逢，触目无对。一念普观，廓然空寂。此之宗要，千圣不传。直下了知，当处超越。是知赤洒洒处，恁么即易；明历历处，恁么还难。若是本分，手脚放去，无收不来底。一一放光现瑞，一一削迹绝踪。机上了不停，语中无可露。彻底搅不浑，通身扑不碎。毕竟是个甚么，得恁么灵通，得恁么奇特？诸仁者，休要识渠面孔，不用安渠名字，亦莫觅渠在所，何故？渠无在所，渠无名字，渠无面孔。才是一念追求，便隔十生五生。不如放教自由，要发便发，要住便住。即天然非天然，即如如非如如，即湛寂非湛寂，即败坏非败坏。无生恋，无死畏，无佛求，无魔怖。不与菩提会，不与烦恼俱。不受一法，不嫌一法。无在无不在，非离非不离。若能如是，见得释迦自释迦，达摩自达摩。

天宫徽师

八万四千波罗密门，门门长开。三千大千微尘诸佛，佛佛说法。不说有，不说无，不说非有非无，不说亦有亦无。何也？离四句，绝百非，相逢举目少人知。昨日霜风漏消息，梅花依旧缀寒枝。

慧林受师

不是境，亦非心，唤作佛时也陆沉。个中本自无阶级，切忌无阶级处寻。总不寻，过犹深。打破云门饭袋子，方知赤土是黄金。